呪 誰かに話したくなる怖い話

ミステリー・ハンター
山岸和彦 編著

二見レインボー文庫

はじめに

人間は、「死」という、避けては通れない自然界の掟にしたがって存在しています。

そのなかには、なんらかの理由で他人に怨念を抱いたまま、また、この世に未練を残したまま亡くなっていく人々が大勢います。

私たちが事実として体験する怪奇現象は、きっとそういった浮かばれない人たちの魂が、現世に生きている私たちに、自らの無念の想いを伝えようとするシグナルに違いありません。

しかし、そういった怪奇現象に対して私たちがなすべきことは、ただいたずらに忌《い》み恐れることではなく、霊に対して畏敬の念を抱きながら、心からの供養をすることではないでしょうか。

さらには、私たちの日々の行ないを自ら律するための指針とするべきでしょう。

最近の社会問題を目の当たりにするとき、霊の怖さよりも、生きている人間の恨み、妬みといったものが、いとも簡単に人の命を奪ってしまう犯罪に結びつくような、恐ろしい世の中になってきたと思います。

それはなぜでしょうか。

私が思うには、人智では計り知れない霊魂の存在、死してもなお現世に怨念を残す恨みつらみといった、霊界からの強烈な負のパワーというものに対して、生きている人間が鈍感になってしまっているからではないでしょうか。

本書を読まれると、いかに多くの苦しみ傷ついた霊魂たちが、この世でさまよっているかを感じとられることと思います。

そういった哀しくも激しい人間の情念というものを、行間から読みとっていただきたいと強く思うのです。

本書に登場する体験者名などは、すべて仮名とさせていただきました。

最後になりましたが、本書に掲載した体験談をお寄せくださった日本全国のみなさまにお礼を申しあげます。ありがとうございました。

山岸和彦

もくじ

はじめに　2

第一章　背筋も凍る世にもおぞましい怪奇

深夜、独身寮を歩きまわる女の霊　土屋武史　千葉県　三十四歳　12
トンネルのなかの「白い手」　竹本五郎　東京都　三十八歳　18
レコーディング・スタジオの怪現象　立山義一　東京都　四十二歳　22

面白半分で行くから、そんな目に遭うんだ！　阿部鉄也　神奈川県　二十五歳　31
「出る！」と噂の狭山公園「たっちゃん池」で　猫田和宏　東京都　三十歳　38
時空を超えた奇妙な交通事故　芝田陽一　東京都　三十一歳　42
こういう日って……出るんだよね　梅本裕紀　千葉県　三十歳　47
真冬のキャンプ場に眠る死体　石川鉄也　岐阜県　二十七歳　52
エレベーターに残る大学教授の怨念　土屋英子　宮城県　二十九歳　55

第二章　耳にこびりついて離れない怨念の叫び

ゼミ合宿の夜に響く不気味な足音　山本秀明　佐賀県　二十六歳　60
犬鳴峠《いぬなきとうげ》の肝試しの夜　新井吉泰　福岡県　二十三歳　63
亡くなった人と話をするお母さん　山田昭子　茨城県　二十六歳　67
ガラスに映る女性はこの世の人ではなかった　宮原弘子　高知県　二十四歳　72

時速70キロの車と並走するジョギング男　西野隆之　神奈川県　三十六歳　74
有名な幽霊トンネルで撮られた「白い女」　森田泰幸　千葉県　三十一歳　78
怪異！ 小学校の「開かずのトイレ」　上田武志　青森県　二十三歳　81
得体の知れぬ白い靄が彼女を襲う　長倉良文　埼玉県　四十七歳　85
蛇のようにズルズルと入ってきた「真っ黒い人」　野村千恵子　岐阜県　二十七歳　88
死者たちの姿を映し出す鏡　和田宏子　神奈川県　三十四歳　90

第三章　思わずゾーッとする戦慄の怪異

深夜の展望レストランに全身ずぶ濡れの男　古橋義文　愛知県　二十七歳　96
あそこに、何か……いる！　中森絵理　埼玉県　三十三歳　99
埋められた老婆の泣き声が聞こえる　村松仁志　東京都　二十五歳　104
博多駅行きバスでの奇怪な体験　西田信一朗　福岡県　四十七歳　110
真夜中、噂のトンネルに出没する母と子　大城芳泰　神奈川県　二十一歳　113

山道を先行する老夫婦はどこに消えた？　北村弘　新潟県　三十四歳　117
ラブホテルにやってくる「見えないカップル」　松本秀樹　千葉県　二十八歳　123
妖しい月夜に、川のなかを歩く白髪の老婆　高柳泰宏　群馬県　二十三歳　130
真夜中の車道に立つ「ゾンビみたいなやつ」　野原浩史　神奈川県　二十六歳　132
天ヶ瀬ダムの湖上にたたずむ女　松井勝道　京都府　二十五歳　135
山のロッジに潜む「見えないもの」たち　神谷絵里　長野県　二十三歳　138
トンネルの閃光のなかで動く黒い影　三浦高志　北海道　二十七歳　143

第四章　現世に未練を残す悲痛な情念の祟り

女の長い黒髪が私の震える唇の上に……　大城行男　神奈川県　三十三歳　148
午前二時、奥多摩を走る車の前に奇妙な二人連れ　田野市郎　千葉県　三十四歳　154
ツアコン無情！　いわくつきの部屋での一夜　吉川京子　広島県　二十歳　158
夜ごと聞こえる祭囃子《まつりばやし》の正体　内山真理　大阪府　二十八歳　163

お盆の夜、海岸に現われる「あれ」　西村明　新潟県　三十三歳　167
「お化け屋敷」と評判の廃屋で囁く声　石田浩子　秋田県　二十歳　171
夜八時、忘れ物を取りにいった学校での怖い話　野口徹哉　島根県　十九歳　174
深泥ケ池《みぞろがいけ》へ肝試しに行ったばっかりに……　小杉昭弘　京都府　三十二歳　177
鏡のなかから誰かが睨む「後ろ鏡」の恐怖　小出友広　石川県　二十一歳　180
深夜の大学の研究室で「おまえも見たのか」　原田雅彦　東京都　二十五歳　182
ペンション二階の窓の外に立つ黒い人影　渥美君子　千葉県　二十八歳　185
夏の夜の怪音と、ふたつの奇妙な石　藤井宗一　京都府　五十二歳　190
不気味な絵が落書きされたタンス　長谷川直俊　埼玉県　十七歳　193

第五章　冥界から人をたぶらかす妖しの霊たち

古い独身寮を音もなく移動する「人間ではない男」　栗原正哉　山梨県　三十六歳　198
石北峠の闇に浮かびあがる異様な人の群　辛島友一　北海道　五十二歳　201

「夜泣き石」を濡らす水は「あの女性の涙」か……　小林信吾　埼玉県　三十歳　205
この世とあの世のヤバイものが同居する町　大石宏久　山口県　三十一歳　208
いまのは誰？　どこから入って、どこへ消えた？　太田聡司　埼玉県　三十六歳　211
真夏に黒いコート、シルクハットで歩く怪人　名倉隆江　東京都　二十六歳　214
どう考えても「妖怪」としか思えない生き物　細井友紀子　福島県　四十一歳　217
掛軸から抜け出て這いずりまわる生首　宮崎祥子　静岡県　十八歳　220
午後六時にかならず上から石が落ちてくる……　坪井智美　北海道　十四歳　223

第一章　背筋も凍る世にもおぞましい怪奇

深夜、独身寮を歩きまわる女の霊

土屋武史　千葉県　三十四歳

これは、私があるコンピューターメーカーの子会社に就職して、しばらく住んでいた独身寮で起こった出来事です。

会社が所有していたその独身寮は、千葉県にある鉄筋四階建てで、一、二階が系列の鉄道会社の寮、三、四階を私たちが使うことになっていました。どこにでもある普通の寮です。いえ、少なくとも私にはそう見えました。

いつごろ建てられたものかはわかりませんが、階段の一部が軋《きし》んだりすることを考えると、そんなに新しいものではないのでしょう。しかし、私が入居した部屋はほかの部屋と違って、新しく白い壁紙が貼られていて、快適でした。

仕事柄、私も同僚も深夜に帰ることが多く、夜中に人の足音がするのは気になりましたが、それはおたがいさまですので我慢しなければなりません。

そんな独身寮での生活に、ささいな異変が起きはじめたのは、六月に入ってからのことでした。

まず初めに気になったのは、深夜に帰ってきたらしい誰かの足音がするのに、ドアを開ける音がまったくしない、ということでした。その寮は内廊下ですので、鍵を開ける音やドアを開閉する音はけっこう響くのです。昼間と違って、みんなが寝静まってしまうと、よけいにわかるのでした。

「トントントン……」

その日も、眠りにつこうとしていた矢先に、足音が響いてきました。時計を見ると、午前二時半です。

こんな時間に……と思いながら、耳をすませていると、私はその足音に奇妙な違和感を覚えました。男の足音にしては軽すぎるのです。子供か、女の人……そんなイメージしかもてない音でした。

翌朝、食堂になっている一階の部屋に降りていくと、同僚の山田が朝食をとりながら「よお！」と手を上げました。私が前に坐ると、山田は、

「昨日、足音が気になってちょっと廊下を覗《のぞ》いてみたら、女の後ろ姿が見えたぞ。あれ、誰の彼女？」

と聞きます。

まったく見当もつかなくて、私は首を横に振りました。女性が来てはいけないという規則はないのですが、こんな寮に彼女を連れてくるような無粋な男は考えつかないのです。

しかし、それも人のことですから、ふたりともあまり気にもせず、出社したのですが、偶然、その日の昼休みにおかしな噂話を耳にしました。

社内の研修に出席したとき、初めて会う四十代の社員が話してくれたのですが、「あそこは出るっていうよ。だから、出ていく新人も多いんだよ」というのです。

昨夜の足音が思い出されました。山田が見た「女性」のことが脳裏をかすめたのです。

しかし、すぐに私は「まさか」と、そんな馬鹿げたことを考えてしまった自分を笑いたい気持ちになりました。

だいたい、この世の中に霊やお化けなどいるはずがない。みんな空想か、錯覚に決まっています。

私はそれをきちんと確認するためにも、あの足音の主を確かめようと思いました。人のプライバシーを覗くようで、気が引けないこともありませんでしたが、真実のためにはしかたありません。

その夜、私は山田の部屋に行ってふたりで静かに飲んでいました。もし、あの足音がしたら、ドアを開けてみようという魂胆でしたので、ふたりはなるべく声を潜《ひそ》めていました。

夜も更けてきて、「今夜はもう訪ねてこないのか」と思った矢先でした。

「トントントン……」

階段を上がってくる音が聞こえてきました。

「ペタ……ペタ……ペタ……」

都合のいいことに、足音はこちらに向かって歩いてきます。誰かの部屋に入ってしまわないうちに、さっとドアを開ければ正体は見えるはずです。

私は山田に合図をすると、ふたりでドアの前に立ち、思いきって勢いよくドアを開けました……。

――誰もいません……。

タイミングからいうと、ちょうど山田の部屋の前に「彼女」がいてもいいはずなのに、いないのです。

「足音……したよな……」

心細そうな山田の声に、私は曖昧《あいまい》に頷くしかありませんでした。

その日から寮のあちこちで、「女の姿を見た」とか「泣き声を聞いた」とか、何やらおかしなことをいう人間が増えてきました。

隣の部屋の小出など、「ここの裏にアパートなかったよな」と、私に確かめにきました。

寮の裏は野球のグラウンドで、アパートどころか建物らしいものは何もありません。それなのに、小出は「アパートがあって、女の人がドアを開けて入っていったんだよね」とおかしなことをいいます。

本人も、自分でも変だと思ってはいるらしいのですが、見えてしまったものだからどうしていいかわからないという表情でした。私にも何がなんだかわかりませんでしたが、気味が悪いことだけはたしかです。

一連のお化け騒動で神経がまいってしまった週末、私はどこにも出かけないで、小出の部屋にいたのですが、彼がビールを買いに行っているあいだ、横になっていました。

午後二時ごろだったと思います。ドアの外に人の気配がしたので、小出が帰ってきたのだとばかり思って、そちらを見ると、女性がボーッと立っているではありませんか。しかも……ドアの向こうに……。

そうなのです。ドアが閉まっているのに、ドアの向こうの見慣れた風景と女性の姿がはっきり目に飛びこんできたのです。

「ヒッ……」

声も出ず、息をのんだとたん、女性と目が合ってしまいました。

すると、彼女はいきなりドアを通り抜け、スィーと空を飛ぶように近づいてきたのです。

つぎの瞬間、私は首に氷のような冷たさを感じ、後ろにのけぞりました。冷たくて、枝のような細い指がグイグイと喉を絞めつけてきます。

私が無我夢中で手を払いのけると、女性は私の目をまっすぐに見て「ウグクッ……」とうめいて消えていってしまいました。

その直後、帰ってきた小出に話をしましたが、半信半疑で聞いていたようです。ただ、足音の件があったので、まったく信じられないことではないと思っているようでした。

やはり、この寮は早く出たほうがいいのではないかという相談もし、つぎの休みには不動産屋に行ってみようということになりました。

しかし、私たちが行動する前に、また怪現象が起こったのです。

それは直接被害にあったということではないのですが、ある日、寮の管理人から、

「三階で深夜に男女の言い争う声が聞こえ、うるさくて眠れなかったと二階の住人から苦情が出ている」

とクレームがきたのです。

しかし、私たちにはそんな覚えはまったくありません。その旨を管理人に伝えると、彼は、

「またなのか……」

と、眉をひそめました。

そのようすに、管理人は何かを知っていると思った私たちは、ことの真相を問いつめました。

すると、彼は重い口を開いて教えてくれたのです。

以前寮に住んでいた男性社員が別れ話のもつれから、つきあっていた女性を殺害してしまったというのです。そのときから、独身寮のなかを歩きまわる女性の姿が見られるようになったそうです。

話を聞いた私たちは、ポケットマネーを出しあってお祓《はら》いをしました。

その効果があったのかどうか、それ以降、女性の姿は見られなくなりましたが、数年後には会社は寮を売り払ってしまいました。

その後、寮がどうなっているのかわかりませんが、あの女性の心が少しでも鎮まっていればと願うばかりです。

トンネルのなかの「白い手」

竹本五郎　東京都　三十八歳

私は中学生のとき、自転車が大好きでした。

風を切って走る感覚も、自転車そのものもワクワクする対象でした。

ですから、当時、流行っていたドロップハンドルの自転車を買ってもらったときには、天にも昇る気持ちで、毎日メンテナンスを欠かしませんでした。スポークを調整し、ベアリングにグリスをさし、お小遣いはすべて自転車につぎこんで、自分にぴったりの自転車に改造していったのです。

その自転車で房総半島一周もしましたし、地域のロードレースにも出場していました。両親は「将来は競輪選手か、自転車屋だね」と半ば呆《あき》れていたほどです。

あれは、中学二年の六月ごろのことだったと思います。

梅雨空の晴れた日、私は水戸街道を北に上っていってみようと自転車を走らせました。いくぶん湿気を帯びた風がありましたが、久しぶりに自転車と一体感を感じ、気分も上々です。

ところが、柏《かしわ》をすぎたあたりで横道に入ってしまって、道がわからなくなりました。走っていれば、そのうち何とかなるだろうと高をくくってどんどん進んだのですが、牛久《うしく》に入ると、ついにお手あげ状態になってしまいました。

こうなると、もう無理をしないで、元の道に引き返すのがいちばんです。

私はUターンして水戸街道を目指しました。

しばらく行くと、道は長い下り坂になりました。

全身の緊張を解いて、風に吹かれると汗がスーッとひいていくのがわかります。

私の自転車はチューブラータイヤというチューブとタイヤがいっしょになっている競技用のタイヤを履いているため、どんどんスピードがついていき、なんともいえない爽快感がありました。

一車線道路の端を走っていくと、やがて、目の前にポッカリと黒い穴が見えてきました。トンネルです。私はそのなかに吸いこまれるように入っていきました。すぐ向こうに明るい日差しが見えるので、割合に短いトンネル、たぶん一〇〇メートルくらいだったと思います。

異変はトンネルに入ってすぐに起こりました。

急にガクンと失速してしまったのです。目で見てわかるほどの下り坂なのに、ペダルに預けていた両足に力をこめてこいでもこいでも、自転車が重いのです。

まるで、上り坂で二人乗りをしているみたいに……。

そのとき、私はふと後ろを振り返ってしまいました。

何かを感じたとか、気配がしたとか、声が聞こえたとか、そんなことはいっさいなく、本当に何気なく振り返ったのです。

一瞬、視線が白いものをとらえました。

私の真後ろに、あるはずのない白いもの……。

それは、人間の手でした。

しかも、肘《ひじ》から先だけの子供のような小さな手が、自転車のサドルステーをしっかりつかんでいるのです。青白く、骨が透けて見えるのではないかという蠟《ろう》のような手が……。

「うわあっ！」

大声をあげたとたん、私は吐き出されるようにトンネルの外に飛び出していて、自転車を押さえつけているような重さもスーッとなくなっていました。

二の腕が震え、心臓は破裂するのでないかと思うほどバクバクしていました。

焼けつくような喉の渇きを覚え、私は近くにあった小さな店に飛びこみました。田舎によくあるような、店の前に雑誌が並び、なかには魚肉ソーセージや缶詰、スナック菓子などが置いてある店です。

ジュースを買って一気に飲み干すと、動悸は少しおさまり、気持ちも幾分やわらぎました。

肩で息をする私のようすをじっと見ていた店のおばちゃんに、私は笑われるのを覚悟で、トンネルのなかの「白い手」の話をしました。

すると、おばちゃんはこんなことを話してくれたのです。

「去年の今ごろかねえ。きみと同い年くらいの男の子があのトンネルでトラックに轢《ひ》かれて……、即死だったんだよ。自転車に乗っててね……。だから、スピードを出しすぎると危ないよって教えてくれたんだよ」

私は寂しいような、嬉しいような奇妙な気持ちでいっぱいになりました。

おばちゃんにお礼をいって店を出ると、私はゆっくりトンネルのそばまで自転車を走らせ、そして、手を合わせました。

レコーディング・スタジオの怪現象

立山義一　東京都　四十二歳

私たちが、戦後まもなくできた、都内にある古びた練習スタジオのB室で仲間と演奏の練習をしていたときのことです。私は思わず叫んでしまいました。

「おいっ、みんな。ストップ、ストップ！　演奏ストップ!!」

私がギターを演奏しながら、何気なく部屋の扉を見ていると、扉の取っ手がクルリと動くのが見えたのです。扉が開くと大きな音が外に漏れるので、そんなときは演奏をストップさせなければなりません。

スタジオにいつも遅刻してやってくるヴォーカルのアキラが到着したと思ったのですが、誰も入ってくる気配はありません。

しばらくのあいだB室に静寂が流れ、私は首をひねりながら扉の前まで歩いていって、扉を押し開いてみました。

そして、あたりに誰かいないかと見まわしました。

〈おかしい、誰もいない……。アキラじゃなかったのか……〉

いぶかしく思ったものの扉を閉めようとしたとき、右目の片隅に白い靄《もや》のような人影がチラッと映り、「タタタッ」という誰かが走り去る音が聞こえました。

私は、「またか」というようなそぶりを見せながら、何事もなかったかのようにメンバーのもとに戻っていきました。

このような体験をしたのは、これが初めてではなかったからです。

建物のなかには、A~Dの四つの部屋があります。私たちはいつもA室を利用していましたが、ブッキングの関係で、B室を使うことがときどきあったのです。そして、異変はかならずこのB室で起きていました。

B室の入り口はひとつだけで、しかも防音用の重い扉になっていて、その取っ手はひとたび閉めてしまうと、大の男でも開けるのに苦労するほどとても硬いものでした。だから取っ手をまわすのには、かなりの力が必要でしたが、ときおりそれがいとも簡単にクルリと勝手に動くのです。

初めのころは、こういった現象はきっと誰かの悪戯《いたずら》か、別の部屋と間違って開けようとしたのかと考えていました。しかし、このような現象が何度もつづいて起きたとき、あることに気づいたのです。

我を忘れるほど練習に集中すると、扉の取っ手などに関心を寄せる余裕はないはずなのに、B室にいるときにかぎり、なぜかそこが妙に気になってしかたがない……。

扉に視線が釘づけになっていると、それを見てくれるのを待っていたかのように、取っ手がクルリと動くのです。しかも、その怪現象は、私だけに見えていたわけではありません。

いつもドアのほうを向いて演奏する位置にいるドラム奏者のタモツもおなじです。取っ手が気になると、それがクルリと動くというのです。

そして、いまでは取っ手がひとりでに動く現象だけでなく、別の現象も起きていました。

ある日、B室に入ると、「キ〜ン、ウィン、ウィ〜ン」という金属音のような耳障りな音がしていました。

マイクがハウリングを起こしているのかもしれないと思った私は、ミキサーの前に腰掛けると、コンソールに手をのばし、音量ツマミを下げたのですが、耳障りな音は消えません。リハーサルが終わり、すべての電源を落としても「キ〜ン……」と音が鳴っていたときには、バンドのメンバー全員が、愛用の楽器を投げ出すほどパニック状態に陥りました。

「Bスタで、変な音が鳴りっぱなしなんだけど、いったいあれはなんですか？」

スタジオの受付の若い女性に訊くと、

「Bスタですか？　Dスタならよく聞きますけどBスタではそんな話は聞きません。でも……」

と、口ごもってしまいました。

彼女はあきらかに何かを知っていて隠しているような表情でしたが、私はそれ以上聞くことはあきらめました。

私には、自分の身に起きる不思議な現象について思い当たる節がありました。それは、私がアマチュアだったころの出来事です。

春が近づき少し暖かくなってきたころ、当時、組んでいたバンドで、ライブハウスへ売りこむためのデモ・テープをつくることになりました。

肝心な練習場所とレコーディングの場所について女性マネージャーに相談すると、埼玉県で工務店を営んでいる彼女の父親所有の木工作業場を無料で使わせてもらえることになりました。

それは一キロ四方に民家が一軒もないほど奥地の、一面麦畑のなかにポツンと建つプレハブ小屋でした。

必要な食料や布団などは、マネージャーが少し離れた町にある実家から車で運ばなければならないという多少の不便さはありましたが、防音設備の行き届いたスタジオではないところで、一日じゅう大きな音を出せるのですから、文句はいえません。

私たちはせっせと機材を持ちこみ、デモ・テープを完成させようと、三日間泊まりこみの録音作業は毎日深夜にまでおよびました。

初日は、深夜二時ごろに作業を切りあげ、私たちは、大の字になって眠りにつきました。

しばらくすると、

「ガチャガチャ……」

という音が聞こえてきました。

プレハブ小屋のドアの鍵を開ける音です。物音に気づいた私は、身体を起こして息を殺し、ドアのほうを凝視しました。

すると、白い靄のような人影が、煙が流れるようにスウーッと音もなく入ってきたのです。小屋の鍵を持っているのは、私とマネージャーのふたりだけのはずでした。

〈マネージャーが忘れ物をして、取りに戻ってきたのかなぁ〉

私は、その日の疲れがたまっていたこともあり、声をかけずに起こした身体を布団にもぐらせました。

すると人影は、真っ暗ななかで明かりもつけずに、部屋の奥のほうで何かを探すようにウロウロと歩きまわっています。そして、ときどき私の枕元にも近づいてきて、顔を覗きこむような仕草をしました。

私はそのとき、その影の「フーッ」という吐息を感じたのです。

〈きっと、私たちに気をつかって明かりを消しているんだな。用をすませて、早く帰ってくれ〉

私はそう考えながら、いつの間にか眠ってしまいました。そして、翌朝……。

「いったい、あんな時間に何を取りに来たんだ？」

私は小屋にやってきたマネージャーに聞きました。

「そんな時間に、恐くてこんなところにひとりで来られないわよ」

彼女は怪訝《けげん》な顔をしました。たしかに、夜中にどうしても彼女が取りにこなければならないものは、そこには何ひとつありませんでした。

〈あれは夢だったのか？〉

私が無理にそう思おうとしたとき、

「おい……、実は、オレも眠れずに起きていて、たしかに白い影を見たんだ」

ドラムのタモツが、目を丸くしながら、ふたりの会話に割りこんできました。

「まさか、幽霊……？」

「疲れていたから、おたがい幻覚でも見たんじゃないか」

その場はそんな話でおさまり、私以外のメンバーたちは、レンタル機材などを都内まで返却するため帰ってしまいました。

その夜、ひとり残った私はギターパートの録音をしていました。部屋のなかは、ギターの弦をはじくピックをつまめないほど、とても寒く、作業場の電気ストーブを三台運びこんで、部屋を暖めなければなりませんでした。

それでも、どこからか冷たい風がピューと吹きこんでくるので、部屋はなかなか暖まりません。そこで、風の吹きこむ隙間をガムテープでふさごうとしましたが、どういうわけか隙間はどこにも見あたりません。

そのときふと、私は灰皿に置いてあるタバコから横に流れている煙が、あるところで、壁にでもあたっているかのようにサーッと垂直に上がっていることに気づきました。

そして同時に、近くで誰かにジーッと見られているような、鋭い視線を感じたのです。

そんな違和感を覚えながら、作業をつづけていると、服の肘のところを何者かがツンツンと引っ張ります。

「うわっ!!」

私は驚いて飛び上がりました。

そんな奇妙な現象は何度となく繰り返され、そのたびに録音作業は中断しました。そればかりか、音を出していないときは、部屋のあちこちで「パキ、パキッ!」という、乾いた木を折るような音が響くのでした。

やがて夜が明け、あたりが明るくなってくると、隙間風や「パキッ」という音、ジーッと見られているような気配はまったくなくなりました。

機材を返却しにいったメンバーが戻り、録音作業も終わりに近づいた最後の夜、私は、昨日起こった出来事をメンバーに話していました。すると、

「ザッ、ザッ……ザクッ、ザッ」

小屋の外から、まわりをグルグルまわる音が聞こえはじめました。それは足音のように聞こえました。

〈なんなんだ！　この小屋は……！　演奏をつづけろ！　足音は演奏で消してしまえ〉

私は少し怯《おび》えながらも、自分に言い聞かせるように心のなかで繰り返して、録音作業に没頭し、やがてデモ・テープは無事完成しました。

その年の暮れ、埼玉でライブを決行した私たちは、打ち上げをすることにしました。忘年会シーズンと重なり、店の予約がとれなかったので、件《くだん》のプレハブ小屋に酒と食料を持ちこんで楽しむことにしました。

「前にここで録音したとき、足音が聞こえたよなぁ……」

酒も入って賑やかになったころ、私がポツリと漏らしたときです。

「ザッ、ザッ……ザクッ、ザッ」

いきなり外から、あのときとおなじ足音が聞こえてきたのです。小屋のあちこちに散らばっていたメンバーが、大慌てで部屋の真ん中に集まりました。

「いま、あそこにいる……！」

「あっ、こっちに移動したぞ！」

外の足音に、聞き耳をたてていると、足音の他にボソボソとした話し声も聞こえてきました。とても小さな声だったので、何を話しているのか、何語で話しているのか聞き取れませんでしたが、それは二、三人の男の声のように聞こえました。

冒頭のBスタでの奇妙な出来事は、いやでもあの日の埼玉でのレコーディングを思い出させました。

「どこそこのスタジオがどうだった」「白い影が横切る」といった幽霊話は、ミュージシャンにとっては、なにも特別なことではありません。この手の話は、同業者が集まるとよく聞く話で、ミュージシャンはあちこちで頻繁に怪異体験をしています。

私の場合は、アマチュア時代のこの霊たちが憑《つ》いてきて、気に入ったB室に棲みついているのではないかと思います。これといって悪意は感じられませんが、なにか寂しいのでしょうか……。

面白半分で行くから、そんな目に遭うんだ！

阿部鉄也　神奈川県　二十五歳

僕は札幌市出身ですが、いまは横浜に住んでいます。

札幌にいたころは、仲間と集まっては深夜ドライブを楽しんだものでした。

「幽霊が出るって噂になっているところに探検に行こう」

といいだしたのが誰だったのか、忘れてしまいましたが、

「阿寒の雄別《ゆうべつ》炭坑跡は有名だけど、もっとマイナーな炭坑跡の病院に凄いところがあるらしい」

という情報を持ってきたのは、昌彦でした。

前回の心霊スポット探検のとき、いっしょに行った女の子が急にわけのわからないことを叫んで暴れはじめたというハプニングがあったので、今回は霊感の強い智広も連れていくことにしようということで、話は決まりました。

満天の星空がいつにも増してきれいな夏の夜、九人が集まって二台の車に分乗しました。

僕の車には智広を含めて五人、昌彦の車には残りの四人が乗りこみ、信号のほとんどない道を数時間走ると、目的の炭坑跡に着きました。

「ここに探検に来て発狂した人もいるんだってさ」

昌彦のそんな言葉を聞きながら、あたりを見まわすと、そこはまさにゴーストタウンのようでした。

九人はそろって病院だった建物のほうに向かいましたが、いくらも行かないうちに、智

広が抵抗しはじめました。

「オレは行きたくない！　もう、帰ったほうがいいぞ！　オレが目を離したら、あいつら寄ってくるぞ！」

智広の言葉に一瞬、みんなひるんだのですが、昌彦は「気にしない、気にしない」と智広の腕をひっぱりました。

しかし、智広は、

「マジで、帰ったほうがいいんだぞ!!」

と、その場を動こうとしません。

智広のあまりの頑固さに、昌彦もあきらめて、病院の周囲をぐるっとまわると、写真だけ撮って帰ることになりました。

実は僕は内心、ホッとしていました。僕には霊感などまったくありませんが、このときばかりは、智広のいっていることが正しいように感じられたのです。

そうして、車のほうに歩きはじめたとたん、智広が叫びました。

「血まみれの女がついてくるぞっ！　みんな逃げろ！」

その声に全員いっせいに、車めがけて全力で走りだしました。悲鳴をあげている者もいます。

車に乗りこむと、僕は思いきりアクセルを踏みこみました。一刻も早くそこから逃れたいという思いしかありませんでした。

「ヤバイ！　轢いたぞ」

智広の声に、僕は半ばパニック状態になっていました。何が起きたのか、わかりません。何かを轢いたような感覚など何もなかったのですが、車を止めるべきなのかとアクセルをゆるめたとたん、後部座席の三人が叫びました。

「ダメだ！　追ってくる！」

追ってくるって、何が？　僕には見当もつきません。ただ、「いいから、突っ走れ！」というみんなの言葉にしたがってハンドルにしがみついて、アクセルを踏みつづけるしかありませんでした。

走りはじめてから三〇分も経ったころになって、ようやく全員が落ち着きを取り戻しました。そこで、二台の車を路肩にとめて、話を聞くことにしました。

僕は何も見ることはできない状態だったのですが、まず僕の車のフロント左側に女の影のようなものがぶつかってきたのだそうです。

そして、後ろの車を心配した後部座席の三人が振り返ってみると、昌彦の車の後ろからは何人もの人らしいものがぐるぐる手を振りまわしながら追いかけてきていて、しかも左側のウインドウには赤い手がつかまっていたというのです。

それだけではありません。昌彦の車に乗っていた人たちは、僕の車の左側には洋服を真っ赤に染めた男がつかまっていたというではありませんか。

僕たちはこれまでに何度も心霊スポットに探検に行っていましたが、そのときばかりは味わったことのない、からだの芯が震えるような恐怖感に、全員が青ざめて黙りこんでしまいました。

「オイ、何黙ってんだよ！　写真撮るぞ、写真。何か写るかもしれないから」

沈黙に耐えかねたように昌彦が指示を出しはじめました。

呑気なことをいっている場合じゃないと思ったのは僕だけではないと思いますが、みんなしぶしぶ昌彦のいうとおりに車の前に並んで二、三枚撮影し、それから札幌に帰っていきました。

翌日になって、あれは夢か、全員が集団催眠にかかったような状態になっていたのではないかと冷静な頭で考えようとしました。

しかし、恐る恐る車を調べてみて、フロントバンパーの左側コーナーに、それまでになかった凹みと、何かを擦ったような跡を発見した僕は、からだの震えをとめることができませんでした。

「写真を持っていくから、みんなで集まろう」

と昌彦から連絡があったのは、その二日後のことです。

全員が僕の家に集まって待っていると、昌彦が現われて、

「オレもまだ見てないんだ。ちょっと気持ち悪くてな」

といいながら、写真屋の袋をバッグから取りだしました。

できあがった写真を取りだし、覗きこんだ僕たちは息をのみました。

最初に写したはずの病院跡の写真には、黄・赤・緑・紫などの光が写っていて、建物の外観などまるでわからないのです。

そして、数枚目の写真、最後に昌彦にいわれてみんなが並んで撮ったものには……。

車の前に並んだ僕たちに問題はありませんでした。

しかし、その後ろの車の誰も乗っていないはずの車のなかに、青白い顔が五つ、横一列になって写っていたのでした。しかも、真ん中に写っているひとつは前の僕たちの影にならないよう、わざわざ右に顔を傾けているのでした。

僕たちは夢中で、つぎの写真を覗きこみました。

全体的に青白い靄がかかっているような写真でしたが、一枚目と比べれば、恐ろしいものは写っていないようです。

つぶやいているような、はしゃいでいるような子供の声が切れ切れに聞こえてくるのです。

私はもと来た道を引き返しはじめました。すると、またさっきのような男女の声がどこからか聞こえてきました。そして、ハミングも……。

細い道を私は出口に向かって急いで歩きました。

すると、突然前方にひょっこりと人影が現われたのです。

それは女性の姿でした。乳母車か、買い物車か、はっきりわかりませんが、何かを押しながら歩いてきます。

頭の先がとがっていて、全体が白っぽく見えるので、レインコートを着ているのかもしれません。かなり激しい雨なのに、傘はさしていません。

そういえば、さっきのカップルもこの雨のなか、傘もささずに歩いていました。

女性は私が近づくと、ヒョイと方向を変え、暗闇のなかに消えていってしまいました。

これが、私の見たもののすべてです。

何かに触れるとか、襲われるということはありませんでしたが、あの日に聞いたくぐもった声やハミング、そして、木々のあいだに見え隠れした影は決して忘れることができません。

そして、後日、私が避けた池の向こうの森につづく小道が本当にヤバイところだったということを、ある本で確認したのでした。

時空を超えた奇妙な交通事故

芝田陽一　東京都　三十一歳

それは車二台で富士山までドライブに行った帰り道での出来事でした。

私は植田くんの運転する車に乗り、もう一台の車には、中村くんと平野くんが乗っていました。

植田くんは運送関係の仕事をしていて、彼の運転技術には信頼をおいていましたので、私はいつも何の心配もなく助手席に坐っていたのですが、その日だけは、いつもと違う感覚がありました。

「慎重に行ったほうがいい」

すっかり日が暮れて、山中湖から八王子に抜ける国道に入ったとき、私がそれとなく念を押すと、植田くんもいつになく神妙な顔をして頷きました。

「この道、よく通るんだけど、今日はいつもと感じが違うんだよな……」

植田くんも、何かを感じたようでした。

私たちの車が前を走り、中村くんの運転する車があとからついてきました。中村くんの車のフロントライトはデザインが特徴的で、ほかの車との見分けがつきやすく、夜の運転でも簡単に確認ができるので好都合でした。

山のなかの一本道に入ると、すぐにトンネルがあります。短いそのトンネルを抜けたとき、急に空気が重くなったことをいまでも覚えています。

私たちは後続車をバックミラーや肉眼で、ときおり確認しながら走っていましたが、途中、遅い車を二台追い越しても中村くんは難なくついてきました。

国道に入ってから一時間半ほどたったころでしょうか……。

重く感じた空気を変えようと、私たちはラジオから流れてくる話をネタに他愛もないおしゃべりをつづけていました。

一〇分くらいして、ふと後ろを振り返ってみると、中村くんの車のライトが見えません。

「すぐに追いついてくるさ」

植田くんはそういいながら、車を路肩に寄せ、私たちはラジオの話のつづきをしていたのですが……。一〇分待っても中村くんの車は追いついてきません。それどころか途中で追い越した遅い車が私たちの車のそばを走り去っていきました。

「事故ったか？」

植田くんは、急いで車をUターンさせると、アクセルを踏みこみました。

それから一時間あまり走った私たちを待っていたのは、クルクルまわる赤色灯と小さな川にかかった橋の欄干に激突してぐしゃぐしゃになった中村くんの車でした。

「まさか……」

私たちの脳裏には最悪の状況が浮かびました。

しかし、車から飛び降りて救急隊のところまで走っていくと、そこには頭から血を流しながら叫んでいる中村くんの姿がありました。

「誰が、誰がこんなことをした……！」

中村くんはかなり気が動転しているようで、私たちが近づいていってもすぐには気がつかないようでした。そして、平野くんのほうは、中村くんとおなじように頭から血を流して静かに横たわっていました。

幸いなことにふたりとも命に別状はなかったようですが、肋骨や頭をひどく打って重傷でした。

それにもかかわらず、中村くんだけは立ち上がり、「誰がやった、何があった！」と叫びつづけています。

私は、そんな彼を救急隊の人とふたりがかりで押さえつけるようにして、いっしょに救急車に乗りこみました。

そうして彼らを病院まで送っていったあと、現場から車で駆けつけた植田くんと合流し、私たちは帰路についたのです。

あまりの出来事にふたりともしばらくのあいだ無言でしたが、やがて植田くんが警察官とのやり取りをぽつりぽつり話しはじめました。

事故は鳴りやまないクラクションに気づいた近所の人が、一一〇番通報してくれたそうです。警察の車と救急車が現場に到着するのにそれから一時間ほどかかったそうです。そして、その三〇分後に私たちが現場に着いたといっていました。

そんなバカなことがあるでしょうか。

私たちが車を見失ったのは、最後に確認してから一〇分くらいのことです。それから一〇分ほど彼らを待って一時間あまり戻って現場に到着したのです。

つまり、一時間あまりかけて戻ったわけですから、最後に確認した場所よりかなり戻ったことになります。

彼の車が橋の欄干に激突、鳴りやまないクラクションに近所の人が気づいて、そして救急車がやってきた……。どう考えても、時間が合わないのです。

あのとき、確認した彼らのフロントライト……。

でも、その時刻にはもう彼らの車は欄干に激突していたのです。

では、それまで私たちが見ていたライトは何だったのでしょうか？

いまは中村くんも平野くんも元気に日々を過ごしています。

ただ、あとで中村くんから聞いた話では、あの事故現場までどこを走っていたのか記憶にないそうです。

その話を聞いたのはもう五年ほど前ですが、あれから彼らとは疎遠になり会っていません。中村くんは最後に、

「お花畑のあるきれいなところを走っていたようだったけど……」

といっていました。

でも、私の脳裏にはっきり焼きついているのは、あの救急車のなかで彼が叫んでいた言葉です。

「誰？　誰がこんなことをした？」

こういう日って……出るんだよね

梅本裕紀　千葉県　三十歳

三年前の七月初めのことでした。

まだ梅雨が明けきらなくて湿気がからだにまとわりつくようなその日、私は恋人の充子とその友達カップルの規子と喜文の四人で、ファミレスに行って夕飯を食べていました。

しかしあまりの蒸し暑さに、誰がいうともなく「海に行ってみよう」ということになったのです。

夜の海に行けば、少しは涼しいかもしれないといった軽い気持ちでした。

私たちはすぐに車に乗りこんで出発しました。

目指したのは九十九里海岸です。千葉を出てから休憩をはさんで二時間はかかりました。

夜も遅くなり、山のなかの一本道に入り、すれ違う車もまばらになってきたころ、うっすらと霧が出てきました。

「こういう日って……出るんだよね」

後部座席で規子がそんなことをつぶやいたので、そこからはゾクゾクしながら怪談話に花を咲かせました。

やがて暗い海に着き駐車場に車を入れると、すぐそばから波の音が聞こえ、潮の香がたっぷりと車のなかまで入ってきました。

駐車場には何台かの車が止まっています。夜の海だというのに、あまり寂しいという感じはしません。それどころか、波打ち際のほうからは「キャッキャッ」とはしゃぐ子供の声まで聞こえてきました。

「オレたち、ちょっとトイレに行ってくるわ」

喜文は規子といっしょに五〇メートルほど先にある公衆トイレに向かい、私たちふたりは手をつないで海岸に降りていきました。

波の音ははっきりと聞こえるのに、はるか先までどこまでもつづく暗い海を見ていると、少し怖いような、それでいてロマンチックな気分にもなります。

規子たちが戻ってくる前に気の利いた台詞のひとつでもいわなければと思って考えていると、不意に充子がまっすぐ腕を伸ばして海のほうを指さしていいました。

「あれ、なあに？」

暗闇に目を凝らしても、何も見えません。

「ほら、何か黒いものがふたつ、動いてるでしょ？」

「黒いもの？」

もう一度、充子の指さすほうを凝視しました。今度は、私にも見えました。たしかに黒いものがふたつ、海面から浮かび上がっているように並んでいます。暗闇のせいで、距離ははっきりわかりませんでしたが、たぶん三〇メートルくらい先だったでしょうか。

ゆらゆらと揺れながら、それはゆっくりゆっくり近づいてくるように見えました。大きい塊と小さい塊……まるで、カップルが手をつないで歩いているような……。

「何？　いったい何なの？」

充子の声が微かに震えています。

私は充子の手を取ると、後ずさりしました。そして、数歩下がったところで一気に駆けだし、駐車場に向かいました。

直感で「これはヤバイ」と思ったのです。

少し走ったところで振り返ってみると、黒いふたつの影は波打ち際にいました。さっきまで私と充子のいた場所です。

するとそれは、単なる黒い塊ではなく、紙を人型に切り抜いたようなくっきりとした形になっていました。

「あれって……幽霊？　あんなもの、初めて見た……」

充子は震えながらも、興奮しているようでした。

「いや……ちょっと待て。あれだけじゃないぞ。よく見てみろよ……」

砂浜のあちこちで、まるで砂のなかから起きだしてくるかのようにいくつもの黒い影が揺れはじめたのです。

大きいもの、小さいもの、さまざまな影がゆらゆら、ゆらゆら、揺れながらこちらに向かってきます。

そのとき突然、足音が近づいてきたかと思うと、喜文の叫ぶような声が聞こえました。

「帰るぞ！　早く、早く車に乗れ！」

そのようすはただごとではありませんでした。

四人そろって車に駆けこみ、もと来た道を走りはじめると、やっと気持ちも落ちついてきました。

「見たか？」

私が尋ねると、喜文は意外にも「いいや」と首を振りましたが、こんなことをいいました。

「何も見なかった。だけど、あの海岸、子供なんてひとりもいなかった……」

そういえば、駐車場に車を止めたとき、子供のはしゃぎ声が響いていたのに、子供はひとりもいなかった……。

「規ちゃんも気がついた？」

充子が声をかけましたが、規子はガクンと頭を下げたままの状態で返事がありません。

「規子、大丈夫か？　しっかりしろよ」

喜文が規子のからだを揺さぶると、その血の気のない顔が上を向きました。そして、目を閉じたまま、いきなり、アワとよだれのようなものを吐いたのです。

「規ちゃん、しっかりして！」

「規子、起きろ！」

充子と喜文がかわるがわる声をかけました。

すると、規子は急に焦点の定まらないうつろな目を開けると、「ニタ〜」と笑って、ふたたび前のめりにからだを折り曲げてしまったのでした。

車はとんでもないスピードを出して走り、明るい店の建ち並ぶ道路に出るころになって、ようやく規子は頭を上げました。

「私……眠ってた？」

いつもの規子ののんびりした声に、喜文は、

「ああ、よ〜く眠ってたよ」

といいながら、規子の頭をポンポンとやさしく叩いていました。

これはあとから喜文に聞いた話ですが、規子は霊感体質で何かを感じてしまうと、あんなふうになるのだということでした。

あれから私たちは夜の海には行っていません。何がいるかわからない、そんな場所にはたぶん、これからは行くことはないと思います。

真冬のキャンプ場に眠る死体

石川鉄也　岐阜県　二十七歳

これは、いまから五、六年前、実際に起きた話です。

僕は、岐阜県の北のほうに住んでいます。

ここには登山をする人に人気のある山があり、ふもとから登山道が延びています。夏場にはキャンプをする人や登山客でにぎわうのですが、冬場は雪のため、登山道が封鎖され、途中にあるキャンプ場に行くこともできません。

これはそんな真冬のキャンプ場にまつわる話です。

ある日、登山道の入口近くにある駐在所にひとりの青年が駆けこんできたそうです。彼は青ざめた顔で、

「人が死んでいるので、いっしょに来てください」

と、駐在さんに訴えました。

駐在さんは青年を落ち着かせ、どこで、どんな状態なのか詳しく話すようにいいました。すると、彼は、雪でたどりつけるはずのない山の上のキャンプ場で人が死んでいるというのです。

行くことのできないキャンプ場で、人が死んでいることを知っているというのは、おかしな話です。駐在さんがなおも説明を求めると、青年は、

「夢で何度も見た」

というではありませんか。

「夢？」

「僕は東京に住んでいる大学生なのですが、この村の山の上で人が死んでいる夢を見たんです。はじめはただの夢だと思っていたのですが、何度も何度もおなじ夢を見るから、いても立ってもいられなくなって……」

青年の話に、駐在さんはあきれたように首を横に振りました。

「こんな真冬に、あんなところに人が行けるわけないんだよ。証拠があれば行くけど、そんなことあるわけがない。君の思いこみに違いないから、もう帰りなさい」

自分の話を信じてもらえなかった青年は、それ以上説得することは無理だとあきらめて、駐在所を出ていきました。

ところが、その日の夕暮れどきになって、彼はまた姿を現わしたのです。

「また、来たのか……」

駐在さんはあきれたようにいって、追い返そうとしましたが、ようすが変です。青年の顔は真っ青で、上着やズボンはびっしょり濡れていました。

そこで、駐在さんは彼を駐在所のなかに招き入れると、彼は、

「確かめてきました。キャンプ場でやっぱり人が死んでいました」

といいます。

雪山に入って、ひとりでキャンプ場まで行ってきたというのです。雪をかき分けて歩いたので、全身ずぶ濡れになってしまったのでした。

すぐに消防団が駆り出され、登山道の除雪をしながら、山中に踏み入ると、キャンプ場の山小屋のなかで、青年が話したとおり、男性の遺体が発見されたのでした。

遺体のそばには遺書があり、雪で道が封鎖される直前にひとりで山に入っていったこと

が判明しました。

青年がなぜ、男性の死を知ったのか。あまりの不自然さに、青年はいろいろ取り調べられました。

しかし、結局、彼と男性のつながりはまったくなく、死亡推定日のアリバイも証明されたため、嫌疑は晴れました。

駐在さんといっしょに山小屋に行って、遺体を確認してきた僕の知り合いは、

「まっこと、全然知り合いでもなんでもない人が夢に出てくるなんて、不思議な話やさ。それにしても、ああいうもんは見るものじゃないさ」

と、しみじみ語ってくれました。

エレベーターに残る大学教授の怨念

土屋英子　宮城県　二十九歳

私の職場にある不思議なエレベーターの話をします。

私はある大学に勤めています。その建物は外観こそきれいですが、建てられてもう三十

年近くも経とうかという古いものです。

内装もときどき手を入れてかなりきれいにしてあるのですが、ただ、二台のエレベーターだけが改修されず、建築当時のままの姿を保っています。旧式なので、業者の定期点検ではいつも「いつ事故が起きてもおかしくない」にチェックされている項目がいくつもありました。

一階で、この旧式のエレベーターの前を通ると、突然「ガラガラ」と大きな音をたてて扉が開くことがあります。

前を通っただけで、急に無人のエレベーターが開いたりするので、初めはその大きな音にびっくりしたものですが、そのうち、振動を感じて開くようになっているのかな、くらいにしか思わなくなりました。

それから、上の階に行こうと思って乗りこむと、誰かが押す前に六階のボタンが点灯していたりすることもよくありました。それも、こういうものなのだと思ってあまり気にはしていませんでした。

それから数年、なんの疑問もなくすごしてきましたが、最近になって、エレベーターに関する噂を耳にしました。

それは、十数年前、この建物に研究室をもつ教授が屋上から身を投げたというものでした。

建物は六階までは先生方の部屋や研究室になっていて、その上に、いまは閉鎖されている屋上があります。教授は一階からエレベーターを使って六階に行き、そして、階段を上って、屋上から……。

その事件以降、屋上は閉鎖されているのですが、自殺者の念は強く残って、彼はいまだに、おなじ行為を繰り返しつづけている……。

噂によると、一階で突然、「ガラガラ」と扉が開くのは、彼が乗りこんでいるから。六階のボタンが点灯しているのは、彼が六階で降りるから。

そしてまた、一階の扉が開くのは、おなじ行為が繰り返されているから……。

私はその話を聞いたとき、ゾッとしましたが、同時に悲しくもなりました。死んだあともまだ苦しみつづけるなんて……。

でも、これは噂にすぎません。学校での事故や自殺は珍しくないし、だいいちエレベーターの現象は、プログラムの設定で起こるものでしょう。そう思った私は業者さんに尋ねてみました。ところが、このエレベーターは旧式なので、そんなプログラムの設定などない……というのです。

事実、私の友達も、このエレベーターを使って、背筋が寒くなるような経験をしたことがあります。

ある日、仕事が終わって一階に降りようとして、エレベーターに乗って「1」のボタンを押したのですが、それは急に上昇をはじめ、六階で扉が開くと……そこには誰もいない……。

そんなことは幾度かありましたが、いまはあまり気にしないことにしています。というのも、あまりにも古いこのエレベーターが途中で止まって閉じこめられたり、事故が起こったりすることのほうがよっぽど怖い。そう考えるようにしているのです。

このエレベーターが、ようやく年度内に箱ごと改修されることになりました。新しいエレベーターに変わると、こんな不思議なこともなくなるのではないかと思って、お話ししておきました。

でも、もし改修後にも、やっぱり扉が開いたり、六階まで行ってしまったりしたら……?

確かめるのは怖い気がします。

第二章　耳にこびりついて離れない怨念の叫び

ゼミ合宿の夜に響く不気味な足音

山本秀明　佐賀県　二十六歳

僕の通っていた大学と交流のある大学とで、合同のゼミ合宿をした日、恐ろしい体験をしました。そのとき、僕ひとりだけではなく友人の浩平もいっしょでしたから、けっして錯覚や思い違いではありません。

合宿が行なわれたのは大分県のある温泉地で、自然に囲まれたきれいなところでした。

午前午後とつづけて勉強会をし、夕食後は特別なプログラムもなかったので、みんな話しこんだり、騒いだりして、初日からけっこう楽しくやっていました。

夜中の二時ごろでしょうか。

翌日も朝から勉強会があるので、もう寝たほうがいいだろうということになって、みんなそれぞれの部屋に帰っていきました。数人ずつグループになって部屋は割り当てられていましたが、寝つけない僕は、少し風にあたってこようと思って外に出ました。

ちょっと散歩でもと、旅館から百メートルほど離れたところまで行ったときです。

ふと振り返ると、一階の部屋にポツンとひとつだけ明かりのついているところがありました。そこもゼミ仲間のいる部屋です。

〈まだ、起きてるのか？　それとも消し忘れたのかな？〉

気になって見ていると、その明かりが急に消えたり、ついたりしはじめました。

さすがにおかしいと思って旅館まで走って帰り、その部屋に行ってみましたが、鍵がかかっていて開きません。明かりも消えていました。軽くノックしてみても返事はありません。

何がなんだか、よくわかりませんでしたが、とりあえず自分の部屋に帰ってみると、浩平が起きていました。

彼も眠れないらしいので、一階のロビーに行って、眠くなるまでトランプでもすることにしました。トランプをしはじめて、しばらくすると、「カツーン、カツーン……」という音が聞こえてきました。

「なんだ、あれ？」

「足音みたいだなあ」

はじめは従業員さんが歩いているのかと思ったのですが、それにしてはハイヒールを履いているような音です。しかも、いつまで経ってもその音は聞こえてくるのです。

「カツーン、カツーン……」

トランプをはじめて一時間以上経っても、音はやみません。

さすがにふたりとも気になって、怖いけれど確かめてみようと、階段を上ってみることにしました。

二階……、音は聞こえてきます。さらに上の階へ……、まだ聞こえます。

四階……、五階……、六階……。

「カツーン、カツーン……」

まだ聞こえてきます。

とうとう屋上まで来てしまいました。すると……。

今度は下の階から足音が聞こえはじめました。

「カツーン、カツーン……」

ふたりとも、わけがわからず、一気に一階まで駆け下りました。しかし、そこには誰もいないのです。

とりあえず、落ちついて考えようと、ふたりはロビーのソファに坐りました。さっきからずっと聞こえていた足音はピタリと静まっています。

ロビーに置いてある柱時計が大きな音をたてて午前三時を知らせたときです。

出入口の自動ドアが勝手に開いて、細い影がサーッとドアの外に出て行きました。白っぽいワンピースを着て、長い黒髪を揺らしています。

玄関を見ることのできる位置にいた僕は言葉を失って凍りつきました。

助けを求めるように、浩平に視線を向けると、彼も青白い顔をして、そのままかたまっています。

「おまえも何か……見たか？」

僕が尋ねると、浩平はゆっくり首を横に振りました。

「いや、オレは、聞いたんだ……バイバイっていった……」

ふたりとも、黙りこんだまま、その場を動くことができませんでした。

三日間の勉強会を終わらせ、バスに乗りこむと、なぜか涙が出ました。浩平もポロポロと涙を流しています。

あのとき、なぜ涙が流れたのか、いまでもわかりません。

犬鳴峠《いぬなきとうげ》の肝試しの夜

新井吉泰　福岡県　二十三歳

私は、夏になるといつも、仲間たちといっしょにさまざまな心霊スポットを訪れて、肝試しをするのが恒例になっています。

これまでに、いくつか背筋の凍るような体験をしていますが、なかでも犬鳴峠での恐ろしい出来事は忘れることができません。

三年前の夏でした。

地元の友人ら八人で車二台に分乗して、噂の絶えない犬鳴峠に向かいました。その日は朝から蒸し暑く、私たちは車の窓を全開にして走りました。

若宮町側から登り、現地に到着したのですが、私が乗っている車を運転していた友人は、

「いまは外に出らんほうがいい。左側から取り囲まれとる」

といいます。

助手席に乗っている友人も、

「今日はマジ、ヤバイね」

などというので、私は後部座席でからだをかたくしていました。

私の隣には彼女の紀子、その隣に麻美が坐っているのですが、ふたりとも、黙って前方を凝視しています。

私は前に乗っているふたりのように、何かが見えたりする体質ではないのですが、雰囲気的には、何かが出てきても、ちっともおかしくないという感じでした。

しばらくすると、私たちの後ろに止まっていた車から三人の友人が降りてきて、旧道のほうに歩いていくと、フラッシュをたいて撮影をはじめました。

「写真、撮ってる。冗談にもほどがあるよね」

紀子が震える声でいいました。

私も、こんな場所で撮影なんかしていいのかという気持ちはあったのですが、実はそのときから、なんだか奇妙な感覚を覚えていて、それどころではありませんでした。

少し前から、妙にからだの右側、つまり車のドア側が冷たいのです。

その冷たさはやがて、腕全体に広がってきました。肩から指先まで、まるで氷水に長時間つけたかのように冷たくなって、指先が自由に動きません。

紀子が一生懸命さすってくれるのですが、いっこうに温まってくれませんでした。

そして、ふと外を見たときです。

あまりの衝撃に、声も出ませんでした。

窓ガラスいっぱいに男の顔があったのです。

それはすぐに消えてしまい、私しか見ていなかったのですが、この状況を何とかしなければならないと、「帰ろう」と仲間たちを説き伏せました。

車が走りだしたときには、心底ホッとしました。

帰り道の新トンネルに入ったところで、運転していた友人がステレオをつけ、音楽を聞いていると、さらに気分が和んできました。

ところがしばらくすると、途中から奇妙な声が聞こえはじめたのです。

楽器でいえば、ベースの高い音、人の声でいうなら女性の低い声、呻《うめ》き声とまではいきませんが、

「う……う〜……う〜……」

という音が流れてくるのです。

私は初め、麻美が具合悪くて苦しんでいるのかと思い、気にはなりましたが、声はかけませんでした。

しかし、その声がどんどん大きくなってくるので、

「大丈夫？」

と、紀子越しに声をかけました。ところが、

「何が？」

とキョトンとしています。しかも、麻美は私が呻いていると思っていたというのです。

もっとわけがわからないという顔をしていたのは、紀子でした。紀子には呻き声は何も聞こえていなかったのです。

やがて、峠を越え、コンビニの駐車場に車を止めると、運転していた友人が、

「もう、大丈夫。いま、あのトラックに憑《つ》いて帰った」

といいながら、走り去るトラックを指さしました。

実際、それから奇妙な現象は起こりませんでした。

しかし、あの大きな顔と呻き声はいまでもはっきりと覚えています。

亡くなった人と話をするお母さん

山田昭子　茨城県　二十六歳

私の母は怖いというよりも、不思議な力をもっています。

母に何ができるのか、本人の口から聞いたのは、つい最近のことなのですが、思えば、私が小学生のころからときどき不思議なことを見てきました。

もうずいぶん前、ユリ・ゲラーがテレビの超能力番組で、スプーン曲げをしているのを見ていると、台所にいた母は、

「スプーンくらいで、なんであんなに一生懸命やってるのかしらねえ」

といいながら、そばにあったフライ返しをクニュと曲げてしまったのです。しかも、小指一本で。

呆気にとられている私の前で、スプーンも簡単に曲げてしまいました。

そんな母は親の代からのお花屋さんをしています。

私は、子供のころから店の手伝いをさせられていました。といってもお店にいるわけではなく、店で生けたご葬儀の花を先方に届けるときにいっしょについていって、最後の仕上げをするのです。そんなとき、母は時間をかけてきれいに形を整えました。

すぐ横にご遺体があるので、私はできるだけ早く帰りたいのに、母は「納得できないのよねえ」などといいながら、生け直すこともありました。

私の目から見ると、きちんとできあがっていると思うのに、なぜそんなに時間をかけるのか、長いあいだ謎でしたが、つい最近になってすべてがわかりました。

つい先日のことです。ご葬儀用のお花の依頼があり、母と私は菊をメインにした花を準備して亡くなった方の家に向かいました。

玄関を入るとすぐに、奥のほうから大声で言い争う声が聞こえてきました。泣き声、怒鳴り声を耳にして、私たちにはすぐに交通事故の被害者だとわかりました。

そういった光景を見るのは初めてではありません。被害者の身内は怒鳴るばかり、加害者の身内はただ泣いて謝るばかりで、声を聞いているだけでも、胸がつまってしまう状況です。

私としては、一刻も早く帰りたかったのですが、母はいつものように花を差し替えたり、長さを調節したりして、一向に腰を上げようとしませんでした。それに、ぶつぶつと独り言もいっています。

まだ時間がかかりそうでしたので、私はお線香をあげてこようとご遺体の安置されているところに近づきました。遺影を見ると、私とおなじ年頃のきれいな女性でした。

「明子さんっていうのよ。菊はあまり好きじゃないんだって、だから店に戻って、ユリの花を持ってきてちょうだい」

花をいじりながら、母が私に声をかけました。

頷いて立ち上がりかけながら、私は奇妙なことに気づきました。

母はどうして、亡くなった方の名前を知っているのでしょうか？

依頼の電話は私が受けたのですが、亡くなった方の名前も花の好みも聞いていません。親族はたいへんな取り込み中で、用意した花についで何かをいうどころではありませんから、そんなことも聞いていません。

でも、ともかく私は一度店に戻り、いわれたとおりにユリを持って、もう一度届けました。

三十分くらい経っていたでしょうか。私が玄関を入っていくと、さっきとは打って変わって家のなかは静まり返り、ただその場にいた全員がうなだれて泣いています。

そして、その真ん中に母がいて、何かを話しているのです。

母は私の姿を見ると、立ち上がってユリの花を受け取り、きれいに生け直しました。すべての準備が整うと、家族や親族の方たちが母に向かってていねいにお辞儀をするなかを私たちは外に出ました。帰路、私が尋ねようとする前に母が口を開きました。

「あなたももう大人になったから、話してもいいかしらねえ」

母は静かに微笑みながら、話しはじめました。

母の話によると、明子さんには結婚したい人がいたのだけれど、親に反対されていたそうです。

ふたりは彼の運転する車に乗っていて事故を起こし、明子さんは亡くなったけれど、彼は重傷を負って入院してしまいました。

その事故の原因は、結婚を反対されて悩んだあげく、明子さんが無理心中を図って、彼の握るハンドルを思いきり切ったからだといいます。

話の内容はわかりました。ただわからないのは、そんなことを母が誰から聞いたのかということです。

「明子さんよ。自分だけ死んでしまって、彼に罪をかぶせてごめんなさいって何度もいってたから、それをご家族に話してあげたの」

私は言葉を失ってしまいました。

「……じゃあ……菊が嫌いで、ユリがいいっていったのも……？」

「明子さんよ」

母はもうずっと前から亡くなった方と話ができるのだといいます。

それで納得がいきました。私が小さいころ、独り言のように何かをつぶやきながら花を生け直していたのは、死んだ方の気持ちを聞いていたからだと。

「あなたは怖がりやさんだったから黙っていたけど、おばあちゃんについて小さいころからご葬儀の場所に行っているうちに、いつの間にか、お話しできるようになっていたの」

ただ、話せる人と話せない人がいるそうです。悔いなく亡くなった方とは話せないといっていました。きっと話す必要がないのでしょう。

私は花屋を継いでいないし、母のような能力はありません。でも、怖がりやの私にはそのほうがよかったと思います。

ガラスに映る女性はこの世の人ではなかった

宮原弘子　高知県　二十四歳

香川県にある学校寮での不思議議話です。これは私自身が体験したことです。私の通っていた学校には寮があって、理由のある者は寮を利用できるという制度をとっていました。

私も二年間ほどそこにお世話になっていたのですが、入寮二年めの秋のことです。わけあって、もともといた寮室を移動することになりました。

新しく移ったのは、三階のちょうど真ん中の部屋なのですが、以前からその部屋にまつわるいろいろな不思議議話は聞いていました。でも、特に気にするようなことや怖い目に遭うこともなく、平穏無事に日々の生活は過ぎていきました。

ところが、その年の十二月ごろになって異変が起こりました。

夜、一階の談話室で寮生と話をしたあと、自分の部屋へと階段を上っていたのですが、ちょうど二階と三階とを結ぶ階段のところで何か動くものが目に入りました。

階段の昇りぎわ、正面にガラスがあって、そこに人影が映っていたのです。足音も物音もしなかったので、一瞬、ドキッとしましたが、女性の影だったので、胸を撫で下ろしました。

女子は寮指定の寮服を着ています。私は、てっきり先輩かと思い「こんばんは」と声をかけたのですが……まったく返事が返ってきません。

「おかしいな」と後ろを振り返ると……誰もいないのです。驚いて、反射的にガラスのほうに向き直ると、そこにはうなだれてぼんやりと立っている女性が映っています。前方にあるガラスに映る人は実際の世界には存在していない……？

背中が異常に冷たくなりました。私はマリオネットのようなぎこちない動きで、首だけ振り返り、肩越しに自分の思い違いでないことを確認すると、そのまま、一目散に自分の部屋に駆け戻りました。

「ついに見てしまった……」と思い、布団のなかでかたまっていましたが、その夜は何事もなく終わりました。

ところが、それが終わりではありませんでした。しばらくすると、夜中に私の部屋に誰かが入ってくるようになったのです。

しかも深夜二時や三時といった、みんなが寝静まった時間に……。

あるときは布団のまわりを走りまわる足音が延々とつづき、生きた心地もしませんでした。ぐっすり眠っているときに、いきなり胸が苦しくなり、目を覚ますと、上からものすごい力で押さえつけられたりすることもあります。布団越しにでも、その手の冷たさが伝わってくるような感じでした。グイグイと押さえつけてくるあの手の感触は、いまだに忘れることができません。

恐怖のあまり目を開けることもできず、「それ」の正体はわかりませんでしたが、あのガラスに映っていた女性と何か関係があるのではないかと感じました。

それは、いつか殺されるんじゃないかと思うくらい酷《ひど》いものでした。

そのうちに私は退寮することになり、あとのことはいっさいわかりませんが、その部屋はいまも使われているそうです。

時速70キロの車と並走するジョギング男

西野隆之　神奈川県　三十六歳

私は怪談話には興味があり、話を聞くのも、読むのも好きですが、決して信じてはいません。酒の席の話題として盛り上がる程度です。

でも、たった一度だけですが、不思議な体験をしたことがあります。もし、私以外におなじような体験をした方がひとりでもいれば、私も霊の存在を信じるしかないかもしれません。

もういまから十年近く前のことですが、私は仕事の関係で半年ほど札幌に住んでいました。

あれは、北海道の短い秋が始まったばかりのころだと記憶しています。その日は遠方の客先まで出かけ、仕事を終えて帰路についたのはもう八時をまわっていたと思います。

その後の予定はなく、会社に戻る必要もなかったので、私はそうあわてずのんびりと車を走らせていました。

小一時間も経つと、車は工業団地の造成地のようなところを走っていました。当時はまだ地理に疎《うと》く、そこがどこだったのか、定かではありませんが、あとで考えると、石狩川の河口近くのどこかだったようです。

多少、疲れてはいましたが、眠くなることもなく、オレンジ色の街路灯が並ぶ広い道を淡々と走っていました。

ほかに車は走っていなかったと思います。

しばらく行くと、私はふと、車の前の道路脇をジョギングしている男性の姿を見つけました。白っぽいシャツに黒いパンツを履いています。

「へえ、こんなところでジョギングする人がいるのか……」

何気なくつぶやいて、もう一度、男性の姿を見たとき、私はものすごい違和感を覚えました。

ジョギングしている男性と、私の車の位置関係がまったく変わっていないのです。

あわててスピードメーターを確認すると、時速は七〇キロメートル。ジョギングをする人など、あっという間に追い越してしまうスピードです。

ところが……ジョギングの男性は、相変わらず車の斜め左前、車から五メートルほどのところを何事もなく走りつづけています。

私はそれまでに味わったことのない恐怖感に襲われ、反射的に急ブレーキをかけました。

そして、外を窺うと、停止した車のフロントガラス越しに、男性も先ほどの位置を保ったまま、向こう向きにピタリと止まりました。

早く逃げなければという衝動が突きあげてくるのに、私は男性の背中に射すくめられたようにからだが動かず、なぜか〈心臓の鼓動の音はこんなに大きいんだ……〉などと思っていました。

ひどく長い時間、そうしていたような気がしますが、実際は数秒間のことだったのかもしれません。

ふいに、男性の肩が揺れたかと思うと、その顔がスーッとこちらを向きました。オレンジ色の街灯に照らされた、まったく無表情な顔……。こちらを見つめているようで、何も見ていないようつろな目……。二十代か三十代前半のように見えました。

その顔を見たとたん、私ははじかれたようにアクセルを踏みこみました。もう、その顔を見ないように、私は前方だけを必死で凝視し、スピードを上げつづけ、とにかく後ろとバックミラーだけは見まいと必死でした。

見ようものなら、確実に男性はついてきているのだという確信めいたものがありました。ラジオを大音響でかけようかと、一瞬、思いましたが、もし男性の声でも聞こえてきたなら気が狂うと思い、かわりに自分ででたらめな歌を歌ったり、わけのわからないことを叫んだりしつづけました。

やっと市内に入り、人通りの多い明るい場所で恐る恐る振り返ると、ジョギングの男性の姿はそこにはありませんでした。

その後、しばらくのあいだは何か自分の身に祟《たた》りのようなものがあるのではないかと心配していましたが、そんなこともなく、無事に過ごしています。

この話を人にするときは、何となくテレもあり、人の体験談としてしかできませんでしたが、もちろん本気にする人はなく、幻覚を見たのだといわれるのが関の山でした。

しかし、あの無表情な顔は、あとにも先にも見たことのないもので、いまも脳裏に焼きついています。

いまでも、男性はどこかで黙々と走りつづけているのではないでしょうか？

ほかに見た方はいませんか？

有名な幽霊トンネルで撮られた「白い女」

森田泰幸　千葉県　三十一歳

千葉県富津《ふっつ》市に「東京湾観音」参道というものがありますが、以前にテレビ番組で紹介されたことがあるので、知っている人も多いと思います。

そこは、「車をトンネル内で停車させてホーンを三回鳴らすか、パッシングすると、翌朝、車じゅうに手形がついている」といわれているところです。また、女性らしい霊が車にまとわりつくという現象もあったようです。

私が、現地を訪れたのは六年前。まだミステリー・スポットとしての知名度は低く、暴走族のたまり場になっているらしいという噂があったので、カメラを携帯して、昼間行くことにしました。

デジカメはまだ出はじめでしたので、当時最新のビデオスチルカメラを持っていきました。現像不要で、モニタで見ることのできる手軽さから持ち歩いていたカメラです。

何かが撮れると期待していたわけではなく、とりあえず現地に行ったという証拠として同僚に見せるくらいのつもりでした。

そもそも心霊写真は撮ろうと思って撮れるものではありません。

ですから、あんな結果になるとは、想像もしていなかったのです……。

都内から高速に乗り、バイクで約一時間走ると、現地に着きました。参道入口から一〇〇メートルほどの場所に問題のトンネルがあります。

初めて見た印象では、とくに怖いとか、薄気味悪いといった雰囲気はいっさいなく、拍子抜けするほどでした。

古いトンネルのなかは狭く、長さは二〇メートルほどでした。内部の壁は自然の岩盤で、ところどころ崩れた形跡があって、霊よりも崩落のほうが怖そうなトンネルです。

短くてもトンネルのなかは冷んやりしていて、冷たい風を感じながら出口まで行くと、右側の壁に「注意　先入車優先」という黄色の看板がかかっていました。

私はさっそく、トンネル内や周囲の撮影をして、一時間ほどで帰路につきました。

家に帰りつくと、すぐにカメラをテレビにつなぎ、チェックしてみたところ、「注意先入車優先」の看板の下に白いものが写りこんでいます。

まさか、と思いながら、じっと見てみると、「白いもの」は女の人の正面を向いた顔だったのです。

壁の染みや落書きではないかと、注意深く見ても、顔にしか見えません。しかも、別アングルのものをチェックすると、女の人の横顔が写っています。

正面から写っているものは顔から顎まで、横向きで写っているものには顎の下の首のあたりまでありました。

つまり、染みや落書きなどの平面ではなく、しっかり3Dの立体に撮影されていたのです。

この日以来、私の身辺に異変が起こりはじめました。部屋にいると、割りばしを裂くようなラップ音がしたり、金縛りにあって、ジェット機の騒音のような耳鳴りがしたり、雨漏りもしていないのに靴の片方だけが濡れていたり……。

そんな不思議な現象がつづきました。

ラップ音は私だけでなく、遊びに来た友人も聞いています。

さすがに気味が悪くなり、撮影したカメラのメディアから画像データはすべて消去し、さらに引っ越したところ、不思議な現象はピタリとおさまりました。

そのほかにも不吉なことがありましたが、すべてを写真のせいにするのは間違いだと思っています。撮影した自分自身に責任があるのですから……。

怪異！　小学校の「開かずのトイレ」

上田武志　青森県　二十三歳

生徒数減少のため七年前に廃校になった、私の通っていた青森県上北郡にある小学校のトイレにまつわる話です。

田舎のその小学校のトイレは、当時、汲み取り式の和式でした。

便器の下はかなり深くて真っ暗で、子供にしてみれば、いまにも落ちそうな感覚になり、いつも怖くて怖くてしかたがありませんでした。

学校のトイレは三カ所ありましたが、実際に使われているのは二カ所だけで、あとの一カ所は、すべてのドアが釘で打ちつけられていて、開かないようになっていました。

そこのトイレはいちばん古く、全部で八つの個室があるのですが、それぞれのドアには花の絵が描かれていました。

使われているほうの二カ所のトイレのドアには、花の絵は描かれていません。

チューリップ、桜、すみれ……、そして、「百合の花」の絵が描かれたトイレがありました。

「百合の花」のトイレ、これが問題なのです。

この話は先輩から後輩へと語り継がれ、子供たちはほとんど知っていることですが、先生たちは知りません。長く勤める先生でも五年くらいで転勤していってしまうので、この話が耳に入ることはなかったのだと思います。

いまから五〇年ほど前、当時の校長先生が、知人を学校に招きました。そのときには、学校にはまだ花の絵が描かれたトイレしかありませんでした。

ふたりはしばらく校長室で話していましたが、そのお客さんはトイレに行くため、中座しました。

ところが、校長先生が待てど暮らせど、お客さんは帰ってきません。何十分も経って、いやな予感がした校長先生は、トイレにようすを見にいきました。

トイレに入ると、校長先生は左から順番に、ひとつひとつドアを開けていきました。

ひとつめ、何もありません。ふたつめ、変わったようすはありません。三つめ、大丈夫です。

そして、四つめ、「百合の花」のトイレのドアを開けたとたん、校長先生は叫び声をあげました。

そこには、血だらけの人が横たわっていたのです。

その日から、トイレで不可解な事件が立てつづけに起こるようになりました。

「百合の花」のトイレの壁に血の痕がにじみでる……。

そこに入った子供が便器のなかに引きずりこまれる……。きれいに掃除しておいても、つぎに行ってみると、トイレットペーパーが散乱している……。

そんな不思議なことが起こるのだという噂がどんどん広まっていきました。たぶんそれが理由だと思うのですが、花の絵が描かれたトイレのドアはすべて釘で打ちつけられ、使用できなくなったのでした。

私が小学生のときも、その話を聞きました。

本当に不思議なことが起こったのだろうか？ いまでも、何か起きるのだろうか？

好奇心に駆られた私は、友達といっしょにこっそり噂のトイレを覗きに行ってみることにしました。

校舎の外れにあるそのトイレは、使われなくなってからずいぶん経っていて、湿ったような空気が漂っていました。もちろん近づく人もなく、そこだけ時間が止まってしまったような感じがしました。

心臓がドキドキして、胸が苦しくなりました。

でも、どうしても見てみたくて、一歩トイレのなかに入りましたが、ドアは釘でしっかり打ちつけられていて、ちょっと触ってみても、開きそうにありません。

ただ、木製のドアでしたから、木と木の隙間から、少しなかを覗くことはできそうでした。

ひとつめのドアから順番にそっとなかを覗いていきました。

ひとつめ、何もありません。ふたつめ、変わったようすはありません。三つめ、大丈夫です。そして、四つめ、「百合の花」……なかを覗いた私は叫び声をあげて、外に飛び出しました。

「百合の花」のトイレのなかには……血がべっとりとついていたのです……。

得体の知れぬ白い靄が彼女を襲う

長倉良文　埼玉県　四十七歳

いま思い出しても背筋が寒くなるような、埼玉県の某ホテルでの出来事です。

そのホテルの社長とは古い知り合いで、何かと便宜を図ってくれるので、一時期よく利用していました。

社長は気をきかせてくれて、私が行くたびに、ある階のいちばん奥にあるダブルの部屋を用意してくれたものでした。広く、清潔で、手入れの行き届いたいい部屋でした。

しかし、もう二度とあのホテルに泊まることはないと思います。

いまから二年ちょっと前の話ですが、関東では珍しく雪が降っていた日、例の部屋に泊まりました。泊まり慣れた部屋は快適で、充分に疲れをとることができました。

その日は何事もなく帰ったのですが、一週間後に、またそこを利用した日のことです。

夜、窓際側のほうに寝ていると、突然、右腕に冷たい感触が走りました。

ビックリして目を覚ましてしまい、壁を見ると、四方にある壁の窓側の壁だけが一面水滴だらけです。

一週間前に泊まったときは、雪が積もるぐらい気温が低く、明らかにその日より寒かったのに何事もありませんでした。何度となく利用してきて、そんな不思議なことが起こったのは初めてのことです。

さすがに気味悪かったのですが、実はその日は彼女といっしょでしたので、フロントに連絡するのもはばかられ、なんとか朝まで我慢しようと決めました。いま考えれば、さっさとフロントに頼んで、部屋を替えてもらえばよかったのです。

私は水滴だらけの壁からなるべく離れて、逆側に寝ている彼女のほうにからだを寄せ、彼女に腕枕をして寝ようとしました。

「ヤダ〜、何これ⁉」

目を覚ました彼女も水滴の壁を気味悪がって、いったい何があったのかと質問してきましたが、私にもわけがわかりません。私が「気にするな」といいきかせると、壁を気にしつつも、いつの間にか眠りに落ちていったようです。

部屋のなかはほとんど真っ暗……。

彼女は静かな寝息を立てていましたが、私は結局、なかなか寝つくことができず、腕枕したまま寝てる彼女の顔をなんとなく見ていました。

そのときです。

ベッドのすぐそばから、何か煙のようなものがモワッと現われました。それはなんとも表現できない白い靄みたいなものだったのですが、ベッドの上に這うように流れてきます。そして、徐々に彼女のほうに近寄ってきました。

思わず、私はその得体の知れないものにつかみかかりました。

白い霞のようなものが彼女に危害を加えようとしている……。たしかにそう思ったのです。だから、なんとかそれを取り払おうと、それしか考えていませんでした。

私は夢中でした……。

そのとき、「ゲホッ」という彼女の苦しそうな声にハッと気づきました。腕枕したままの状態でつかみかかったため、彼女の首を両方の腕で圧迫していたのです。

彼女の苦しそうな声にハッと我に返り、あたりを見まわすと、得体の知れない白い霞は消え、「どうしたの？」と心配そうに聞いてくる彼女がいるだけでした……。

彼女が声を出さなければ事態はいったいどうなっていたでしょうか。あまり、想像したくありません。

そのまま朝まで明かりを点けて起きていて、夜が明けると同時にチェックアウトしましたが、いま現在までそのホテルは利用していません。

後日、知り合いから聞いた話ですが、そのホテルでは昔、飛び降り自殺があったということです……。

蛇のようにズルズルと入ってきた「真っ黒い人」

野村千恵子　岐阜県　二十七歳

私が体験した金縛りについてお話しします。

「金縛り」という状態になったことのある人は、少なくないと思います。事実、私の友達にも「疲れてくると、そうなる」とか「ある場所に行った日にはかならずそうなる」という人がいます。

でも、私のような体験をした人は少ないのではないかと思います。

あれは、私がまだ大学一年生だったころのことです。

その日は朝早くに目は覚めたのですが、講義が午後からだったことを思い出し、二度寝をしていました。一度起きたあと、眠るのはとても気持ちのいいものです。ただ、ときどきからだがゆるんでしまって、つぎに起きるのがつらいこともありますが……。

短い夢を見たり、また現実に引き戻されたりしながら、眠っていましたが、そろそろ起きようかと思った瞬間、からだがいうことをきかなくなり、動けなくなっていることに気づきました。

からだのなかで唯一自由になるのは目だけで、足も手も自分のものではないかのように、まったくいうことをきいてくれません。

「ああ、これが金縛りか」などと呑気にしていると、どこからか「ズズズッ」という音が聞こえてくるではありませんか！

「何の音だろう？」と思い、目を向けようとすると、急に冷や汗が噴き出してきて、本能的に恐怖を感じてきました。

それでも必死に恐怖に耐え、音のするほうに目を向けてみると、北側の窓が見えました。

そして、そこから真っ黒い人が入ってこようとしているのです。

北側の窓は縦一五センチぐらいしかなく、まず人が入ってこられるような大きさではありません。

そこをまるで蛇のようにズルズルと入ってきたのです。

そして「それ」はそのまま這うようにして私に近づいてきました。

「うわっ！　来るな！　あっち行け！」と叫びたいのですが、声はまったく出ません。

つぎの瞬間、ギュンッと「それ」の顔が私の目の前に近づきました。

そして血走った両眼で私を睨《にら》みつけると、そのままスッと消えていったのです。

私は何が何だかわからず、パニックになっていましたが、しばらくしてやっとからだが動くことに気がつき、あたりを見渡してみました。

しかし、真っ黒い人の姿は消え、変わったものは何も見つかりませんでした。何だったのかわからないまま、その日は大学の講義に向かいました。

それ以来、別に変わったこともなく、いつもどおりに毎日暮らしています。

友達に話しても、「疲れてて夢でも見たんじゃない?」といわれるだけで誰も信じてくれません。

でも、たしかにあれは現実でした。私は両目を開いてはっきりと見たのですから……。

死者たちの姿を映し出す鏡

和田宏子　神奈川県　三十四歳

東京都下のある工場での話です。

この話は当時、つきあっていた高野君から聞いた話なのですが、彼は霊感が非常に強くて、普通の人には見えないものを「見てしまう」人でした。

彼は産業用のロボットをメンテナンスする会社に勤めていました。

その日はある工場まで、メンテナンスのために出かけていったそうです。仕事を終えると、行った先で報告書を作成しなければならないのですが、工場内に書く場所がなかったので、おなじ敷地内の違う建物に通されました。

その建物は見るからに古く、壁にも無数の穴が開いていて、彼は入った瞬間、いやな雰囲気を感じたといいます。

建物自体はもう使われていないのか、大きな古い鏡があったり、ボロボロのバケツが転がっていたり、雑然としていましたが、反面、歴史を感じさせる雰囲気もありました。

高野君は案内してくれた人に、

「ずいぶん古い建物ですね。昔からあるんですか？」

と聞いてみたそうです。すると、工場の担当者は、

「よくわかったね。戦前からの建物がそのまま残っているんだよ」

と教えてくれたそうです。

壁にある無数の穴というのは、戦時中に空襲であいた穴だったのです。

工場の人が建物から出ていくと、高野君は机に向かって坐り、黙々と報告書をつくっていました。

どのくらい経ったでしょうか。ふと何かの気配を感じて、顔をあげたのですが、建物のなかはシーンと静まり返って人が入ってきたようなようすはありません。

報告書の上を走るボールペンの音が響いて聞こえるほどの静けさが不気味で、かえって集中力を欠いてしまったようでした。さっさと書き終えて、早く建物を出ようと、もう一度報告書を覗きこんだときです。

目の前を、人影が通りすぎたような気がしました。

〈気のせいか……〉

「えっ……?」

驚いて顔をあげましたが、誰もいません。

高野君は大きく深呼吸して、もう一度、報告書に視線を移しました。すると、また人影が……。今度はたしかに目の端に人の姿をとらえました。

そこで、気配のあるほうに目を向けると、一枚の大きな鏡がありました。古くて、汚れのためか、少し曇っていますが、ちゃんと反対側の壁を映しています。

〈いま、たしかに人がいたよな……〉

彼の背中に冷たい汗が流れました。

もう最終チェックだけして、早くそこを出ようと思ったとたん、鏡のなかで何かが動きました。目を上げた彼はたしかに見たといいます。鏡のなかを数人の人が一瞬にして通りすぎたのを……。

「終わりましたら、駅までお送りしますよ」

ちょうどそのとき、工場の担当者が派手な足音とともに入ってきて、高野君は夢から覚めたように、声のする背後に向かって立ち上がりました。

すると、

「あっ………！」

担当者は小さく声を漏らしたまま、かたまっています。

そして、彼の目は高野君の肩越しに鏡を凝視しているのでした。

「振り返らないで。そのまま、こっちに歩いてきて」

いつも穏やかでユーモア好きの担当者の顔が青ざめてこわばっています。

高野君はその言葉にしたがって、一度も振り返らず、建物を後にしました。

それから、駅につくまで担当者は無口でした。高野君が、

「何かあったのですか？」

と尋ねても、口を開こうともせず、何も教えてくれませんでした。

でも、駅について高野君を降ろしたとき、ひとつだけ教えてくれたそうです。

「さっき、あの鏡には本当は高野君が映っていなければならなかったのに……、何も映っていなかったんだよ」

と……。

それ以上、高野君は何も聞けませんでした。

ところが、その夜遅く、高野君を送ってくれた担当者から電話が入ったのです。

「じつは……さっきの鏡のことなんだけど……。あれも建物とおなじで、戦前からずっとあの場所にあって、あの前で何人もの人が処刑されているんだ」

担当者は言葉につまりながら、そんなことをいいました。

深夜に電話をかけてくるくらい、気になっていたのでしょう。

そして、高野君が映るべき鏡には、誰も映っていなかったわけではなく、「戦死した工場の人たち」が行き来していたといいました。

高野君が見たものはやはり、鏡のなかを行き来する人たちだったのです……。

第三章　思わずゾーッとする戦慄の怪異

深夜の展望レストランに全身ずぶ濡れの男

古橋義文　愛知県　二十七歳

私は、フリーターをしています。

いつのころからか、霊感が強くなり、たびたび不思議な経験をしていますが、そのうちのひとつをお話しします。

私は一年前までは警備会社に勤めていましたが、ある出来事があって、辞めてしまったのです。

私の住んでいる町は自動車の企業で有名な豊田市です。

市内には、ある有名な百貨店がありました。現在は別の会社になっていますが、私はその店舗で警備員をしていました。

警備には日勤と夜勤があり、夜勤のときは決まった時間に館内を見まわらなければなりません。

その日は真夏日で、深夜になっても汗ばむほどの不快な暑さがつづいていました。私は館内を巡回し、最上階にある回転式の展望レストランもチェックしたあと、隣の棟に移りました。

一階から順番にまわっていって、ふと何気なく見終わったばかりの隣の店舗を見上げると、展望レストランの窓に人影が映っています。赤いスーツを着た男でした。

先ほど展望レストランに行ったときには、人っ子ひとりいなかったし、センサーも作動しているはずです。おかしいなと思ってじっと見ていましたが、男は動く気配を見せません。

私は、てっきり上司が仕事ぶりをチェックしにきたのだろうと思いました。ですから、気がつかないふりをして、ずっと仕事をつづけたのですが、チラチラと視線を向けてみると、男はじっとしたまま、こちらを窺っているようでした。

屋上にある遊園地に行っても、男の姿がまだ見えます。あまり長いあいだ見られているので、さすがに腹が立ってきました。そこで、同僚が待機している警備室に連絡をとり、

「いま、レストランにいるの、誰？　監視なんかしなくても、ちゃんと働いてるって」

と、文句をいいました。ところが、

「えっ？　みんなここにいるよ。センサーもちゃんと働いてるし、レストランに人がいるわけないよ」

というのです。

じゃあ、あれは誰なんだ？　と振り返ったとたん、持っていた懐中電灯を落としそうに

なりました。

いつの間にか五メートルほど離れたところに赤いスーツの男が立っているではありませんか。

真っ青な顔……。そして全身ずぶ濡れの姿で、ただジィ〜ッと私を睨みつけています。

「……さ、寒い……」

低く震えるような声が聞こえたかと思うと、男は消えていました……。

私は一目散に警備室に駆け戻り、歯の根も合わないような状態のまま、同僚たちに男の話をしました。

すると、ひとりの人が、「聞いた話だけど」といって、語りはじめました。

「もうずいぶん昔、昭和二十年ころのことだけど、川に落ちて溺死した男の人がいたらしいんだ。川底の石に当たったみたいで、引き上げられたときには無残な姿になっていたそうだよ。そういえば、この建物の下には川があって、いまでも地下には水が流れてるんだ」

そんな話を聞いたその夜は、もう巡回に行くこともできませんでした。

しかし、仕事だからと割り切って、つぎの夜勤のときには勇気を振り絞り、予定どおりのコースを巡回したのです。

……やはり、男は出てきました。そのときは、じっとこちらを見ているのではなく、スーッと近寄ってきたのです。

「……さ、寒い……」

私は全速力で逃げました。

同僚たちは見たことがないといっていましたが、私の前には二度も現われたのです。霊感が強いから呼んでしまうのでしょうか？

しかし、いくら霊感が強くても、私は追い払う方法を知りません。たまりかねて、その日のうちに会社を辞めました。

それ以来、建物には近寄ったことも、入ったこともありませんから、わかりませんが、いまでも出るのでしょうか。

気にはなりますが、近寄りたいとは思いません。

あそこに、何か……いる！

中森絵理 埼玉県 三十三歳

私の父方の家系は霊感が強く、私も小さいころから不思議な体験をいくつもしています。

物心ついたときからそうだったので、小さいころはそれが普通だと思っていました。

あれは、忘れもしない、小学生の夏休みのときのことです。

福島の親戚の家に、父方の叔父、伯母、従兄弟たちが集合しました。お盆をはさんで、祖父のお墓参りを兼ねた旅行だったのですが、小学生四人、中学生四人の従兄弟たちは、ただ海水浴が楽しみでしかたありませんでした。

福島の家は昔、造り酒屋さんだったので、とても大きな蔵が三つもある古い大きな家でした。

家のなかは冷んやりと涼しかったのですが、昼間でも暗く、少し不気味な感じもしました。隠し階段があったり、部屋の襖《ふすま》には「中国のお茶会」や「鶴の群れ」や「菊の花」がリアルに描かれたりして、子供心に強烈な印象を覚えたものです。

その襖はいまもそのままですが、子供のころのほうが受けたインパクトは強かったような気がします。

私たちが到着した日は、夕食後、庭で花火をしたり、子供たちだけで二階の部屋に集まってゲームをしたり、大騒ぎをして遊びました。

ですから、夜遅く親に叱られて、みんないっせいに布団に入ったものの、なかなか寝つけません。みんなもおなじようにごそごそしていると、従兄弟のひとりが、

「あそこに、何か、いる」

といいます。

いま考えると不思議なのですが、その従兄が指さしたわけでもなんでもないのに、みんな同時に「菊の花」の襖を見ました。すると、そこに煙の塊のような白いものがほの暗く輝く「何か」がありました。

豆電球の小さな光のなかで「何か」はふわふわしながら、だんだん大きく、明るくなっていきます。

いちばん小さな従兄弟が泣きながら部屋を飛び出し、親の部屋に駆けこみました。そして大人たちが駆けつけると、「何か」はスーッと消えていってしまったのです。

私たちの話を聞くと、家の持ち主の叔父が、

「おまえたち、まだご先祖さまに挨拶してないだろ？」

というので、みんな大急ぎで仏間に行き、お線香を上げました、そのおかげかどうか、「何か」は二度と出てきませんでしたが、その夜から不思議なことがつづくようになったのです。

次の日の早朝、漁港のセリを見に行った私は、海のなかに黒い塊を見つけ、

「あそこに何かある。あそこ」

と、指を差しました。それはずいぶん沖のほうにあったので、みんな見つけられないのですが、私にははっきりと見えました。白い着物を着た、髪の長い、とてもきれいな女の人……。それに、漁港の左手にある岩場の陰に白い封筒と履き物が置いてあるのも見えます。

でも、それは私がいるところからは死角になっていて、実際に見えるはずのないものでした。

やがて、潮の流れが変わり、私の見た「それ」はだんだん近づいてきました。誰の目にも、それが水死体であることがはっきりとわかり、やっと大人たちは大騒ぎをはじめました。

「見ちゃダメ」

中学生の従兄に目をふさがれましたが、それでも、私には見えました。女の人の顔まで、くっきりと頭に浮かび上がります。

女の人の顔は、いまでも脳裏に焼きついていて、忘れたいのに記憶が薄れることはありません。

それから何日か経って、親戚一同でお墓参りに行ったときにも、不思議なことが起こりました。

福島の田舎では、お盆には夕方から夜にかけてお参りする習わしになっていましたので、陽が傾きかけたころになって、お寺の裏手にあるお墓に向かいました。

そこはかなり広い敷地で、うっかりすると迷子になってしまうほどだったのですが、子供たちは大人より先にどんどん歩いていきました。

私たちがお墓の前で待っていると、追いついてきた叔父さんたちが、

「初めて来たのに、よくわかったなあ」

と、目を丸くしています。

そうなのです。誰も来たことのない迷路のような墓地で、私たちは一度も道を間違えることなく、ちゃんとお墓にたどりついていたのです。そのとき、先頭を歩いていた従兄弟が、

「だって、おじいちゃんが案内してくれたから……」

と答え、大人たちは黙って顔を見合わせていました。

霊感というものは、代々受け継がれていくものなのでしょうか。

少なくとも、子供のころの私たちは、大人に見えないものを見ることができました。

お盆休みも終わりに近づいたころ、仕事の関係で遅れてやってきた大きな従兄が「ドライブに連れていってあげよう」といったときにも、私たちは見たのです。車のなかに、か

らだ半分が透けたような花柄のワンピースを着た女の人が坐っているのを。

だから、従兄の車に乗りたがる子は誰もいませんでした。

その車は中古車だということでしたから、きっと事故車だったのだと、何年か経ってから、思いました。

大人になってから、親戚が集まっても、私はあまり「見えた」とか「ここに何かいる」といったことはいわないことにしています。どうやら、私にしか見えないようですから……。

埋められた老婆の泣き声が聞こえる

村松仁志　東京都　二十五歳

昼間の暑さがまだ残っている真夏の夜のことです。

僕は八王子市のあるお堂跡に友人ふたりを誘って出かけました。

「東京界隈の心霊スポットをめぐる」ためです。ホームページを見て調べると、あちこちに興味深いところがあります。

その日は花魁淵《おいらんぶち》や八王子城址など、いくつかの有名なスポットにも行きましたので、目的のお堂跡のある場所に着いたときはもう午前四時ごろになっていました。

出かけた直後は元気で積極的に歩きまわっていたのですが、その時刻になると、さすがに疲れてきました。途中までは頑張ってみたのですが、眠気もあって、お堂のある広場まで歩いていこうという気力が湧きません。

とくに車を運転していた僕はクタクタでした。

「もう帰ろうか、面倒くさくなってきた」

友人の智司の言葉にホッとして、僕たち三人はUターンをしました。

しかしこのとき、僕は別の意味でも胸を撫で下ろしていたのです。そこは、その日に巡ったほかの場所とはどこかが違う、夏だというのに凍りつきそうな冷気が感じられたからです。

ほかのふたりがどう感じていたのかはわかりませんが、僕の感覚は単に疲労によるものばかりではなかったと思います。

ちょうど道の途中にある小屋のあたりから、僕たちは引き返しはじめました。

しばらく行くと、下のほうから声が聞こえてきました。何人かの人たちが登ってきています。おそらく目的は僕たちとおなじなのでしょう。

「お堂まではまだ少しあるけど、せっかくだから頑張って行ってみればいいのに」

グループのひとりにそういわれ、やめておけばよかったのに、僕たちは結局またお堂に行く選択をしてしまいました。

先ほどの小屋のところまで来たときです。

智司が、

「そういえば、ホームページには『途中にある小屋の二階から誰かが覗いていた』って書いてあったな。この小屋のことか？」

といいます。

彼は、持っていた懐中電灯の光を小屋に向け、上下に走らせました。しかし、小屋の窓は板でふさがれていて、怪しげなものは何も見当たりませんでした。

と、突然、

「キィー……キィー……」

という奇妙な鳴き声が鬱蒼《うっそう》とした林のなかから聞こえてきました。

ビクッとからだを震わせる僕を見て、智司は、

「鳥かなんかの鳴き声だよ」

と笑いましたが、僕には「ヒィー……」という人の泣き声にも聞こえ、寒気が走ったこ

とを覚えています。

足取りはどんどん重くなり、もうあきらめようと思ったとき、やっとお堂跡の頂上の広場に辿りつきました。

そんなには広くない広場の真ん中あたりにお堂の礎石《そせき》らしいものが残っているだけで、とくに変わった場所ではありません。こんなものかと拍子抜けしてぼんやり立っていると、智司が、

「あっちに卒塔婆《そとうば》が見える」

といいながら、もうひとりの友人・俊雄といっしょに歩いていってしまいました。

僕はもうあまり動きたくなかったので、広場の中央、礎石の横にポツンと立っていたのですが、別グループのひとりが近づいてきて、こんなことを教えてくれました。

「礎石を踏まないほうがいいよ。その石のどれかひとつの下に、お堂の番をしていた老婆の墓があるんだ。その人はここで殺害されて、ここに埋められているから、気をつけたほうがいい」

こんな墓地でもないところに埋葬するなんて信じられませんでしたが、それでも、僕は一応、礎石を踏まないように気をつけることにしました。

やがて、智司が戻ってきました。

「卒塔婆だと思ったのは、ただの木だったよ。期待したほど、ヤバイものはないみたいだよ」

ここまで来てこんなものかと、がっかりしたようにいうので、僕はもう帰ろうと思って「俊雄は？」と尋ねると、智司は「知らない」といいます。

いま、いっしょに向こうに行ったじゃないかといいかけると、背後から急に肩を叩かれました。

「オレ、ここ……」

俊雄が僕の真後ろに立っています。

「なんで？　おまえ、さっき卒塔婆の見えるほうに歩いていったじゃないか」

「いや、行かない。ずっとここにいた」

そんなバカな？　頭が混乱してきました。僕はこの目でふたりが歩いていく背中を見たのです。そのうえ、別グループの人に声をかけられたとき以外、この広場に僕ひとりしかいませんでした。

「そんなバカな……？」

声に出していうと、

俊雄は、

「ここにいたよ、ここで煙草を吸っていたんだ。おまえこそどこに行ってた？」

頭が混乱してきました。

ここにいたのは僕で、いなかったのは俊雄です。

もう一度説明しようとしたとき、

「あそこに誰かいるぞ……！」

少し離れたところから、息をひそめたような声が聞こえました。

見ると、広場の入口近くに、たしかに黒い人影のようなものがユラユラと動いています。

智司は急いでカメラをとりだして、シャッターを切りました。

「キィー……キィー……」

また、林の奥のほうから不気味な鳴き声が聞こえてきます。

その声のほうに気をとられた一瞬のあいだに、人影のような黒い影はフッと消えていってしまいました。

僕はからだ以上に気が疲れてしまったようで、すぐにでも横になりたい気分でした。

「もう、帰ろう」

そう提案し、「触れると祟《たた》りがある」といわれている首なし地蔵の前で、三人で交代しながら写真を撮ると、広場をあとにしました。

数日後、できあがってきた写真は真っ黒で、何も写っていませんでした。たしかにストロボが光ったのに、写っていないなどというのは、これまでで初めてのことでした。

あの日以来、気が滅入ってしまってしかたありませんでした。

智司がいっていたホームページを開いて調べてみると、そこには、

「老婆の泣き声が聞こえることもある」

と、書かれていました。

僕が聞いたのは、鳥の声などではなく、老婆の泣き声だったのではないでしょうか。

そして、その声が、ときおり窓のすぐ外から聞こえてくるようになったのは、なぜなのでしょうか。

博多駅行きバスでの奇怪な体験

西田信一朗　福岡県　四十七歳

私は福岡在住ですが、もしかしたらおなじような体験をされている方がいるかもしれません。

二年ほど前の話です。今泉という場所から博多駅行のバスに乗りました。午後八時すぎくらいだったと思います。

乗りこんで何気なくバスのなかを見渡すと、まばらにではありますが、何人か乗客がいました。

運転席の斜め後ろあたりに坐った私は少し疲れていて、窓の外をボーッと見ていました。気のせいか、バスのなかがいつもより妙に暗くて、静かだったとは思ったのですが、そのときは何も異様だとは感じていませんでした。

おかしいのに気づいたのは、バスを降りるときです。

私ひとりだったのです、降りたのが……。

博多駅は終点ですが、ふだんなら利用客はもっといるのです。いえ、たしかに少ない乗客でしたが乗っていました。

なによりおかしいのは、私が乗った今泉の停留所から博多駅まで、降りた人はひとりもいなかったのです……。

関東方面のバスと違って、こちらのバスは運転席の隣のドアが出口になります。降りるなら私の横を通るはずです。

私は真ん中より前のほうにいたのですが、誰も前の出口からは降りていかなかったし、確かに後部にも乗客はいて降りていないはずです。

不思議に思いながらも降りて、JR博多駅へ行くために地下街のほうへ向かいました。

ところが、

「???……ありっ?……」

と、声を出してしまいました。

ふだん、とてもにぎやかなので、その時間には会社帰りの人で溢れているはずの通りに……誰もいないのです。

もちろん、見慣れたお店もあるし、看板も、通りの佇《たたず》まいもまったくおなじです。それなのに、まるで人けがなくて、何かの本で読んだゴーストタウンのようでした。

不安のあまり、小走りで駆けだした私は二、三分くらいで、やっと雑踏のざわめきに出会うことができました。

その後、JRに乗って自宅に帰ったわけですが、翌朝起きると部屋の隅が濡れていました。そして、バスルームも……。昨日はとても疲れていて、そのまま寝たので使っていないはずなのに濡れていました。

私自身とても疲れているのとだるさで「なんでー」と思いつつ、なぜか深く考えず、そのころ、おつきあいのあった占い師の先生を別の件で訪ねたのです。

そして一言、いわれました。

「拾ったね」

私はすぐに、バスのことだ！　となぜか直感しました。

その日のことはまったく話していないのに、さらに先生は、つづけてこういいました。

「昨日のバス停から憑いてきているみたいね。とっとこうね」

それ以上は何も聞きませんでした。だって、いやでしょう？

その後、私はそういう目には遭っていませんが、福岡在住の方で私とおなじような奇妙な体験をした人はほかにいませんか？

真夜中、噂のトンネルに出没する母と子

大城芳泰　神奈川県　二十一歳

私はかねがね幽霊を見てみたいと思っていました。でも、ひとりで見に行く勇気はありません。そんなわけで、友達三人をひきつれて、逗子〜鎌倉間の「噂のトンネル」に行ってみることにしました。

普通は車で通るらしいのですが、私たちは趣向を凝らして、歩いて通ってみることに決めました。

夜十一時すぎ、逗子駅で電車を降り、線路沿いの道を歩いていくと……ありました。「噂のトンネル」です。

私たち四人はトンネルの入口まで行って立ち止まりました。なかに入る前から冷たい空気が感じられ、背筋がゾクゾクしてきます。

「夏なのに、なんでこんなに寒いんだ」

私がそういうと、三人とも真顔で頷いていました。心なしか、顔色が青ざめています。

一瞬、躊躇《ちゅうちょ》しましたが、せっかくここまで来て、引き返すのもしゃくです。

私たちは「オレたちは男だぜ！」と掛け声をかけて、トンネルのなかへと入っていきました。先頭を私が歩き、三人はすぐ後ろを横に並んでついてくるというかたちになりました。

トンネルのなかに入ると、空気はますます冷たくなり、からだの芯から冷えてきそうでした。

噂に聞いていた染みもあるし、何が起こっても不思議ではないという不安が膨らんでいきます。

しばらく行くと、前方からふたつの影が近づいてきました。

〈出たか……！〉

緊張が走りましたが、よく見ると、若い女性と小さな女の子だったので、私はほっと胸を撫で下ろしました。母親らしい女性は女の子の手を引いています。

しかし、なぜか、違和感を覚えました。

こんな時間に……？　こんな小さい子供と母親だけがこんな場所に……？

なによりも変だと思ったのは、母親が壁際を歩き、女の子に車道側を歩かせているということでした。普通、子供に安全なほうを歩かせて、母親が車道側を歩くものでしょう。

〈非常識な親だなあ〉

そう思いましたが、最近は非常識な親が増えていることですし、それ以上のことは起こらず、どんどん歩いていきました。

やがて、ふたりと私たちの距離が縮まってきて、私が車道側によけようとしても、その女性は女の子を引き寄せることもしません。

しかも、女性は壁際ぎりぎりのところを歩いているので、そちらにもよけることはできません。道を譲る素振りなどまったくないのです。

仕方がないので、私が車道側に出て子供の横にまわろうと少し寄ったとたん、

「パパパパー！」

凄まじいクラクションの音を響かせて、一台のトラックが後ろから走ってきて、すぐ脇を擦り抜けていきました。

危うくトラックに引っかけられそうになった私は、無性に腹が立ってきました。

いくら非常識といっても、限度があります。あの親子には、トラックのライトが正面から見えていたはずです。

——それなら、少しよけるくらいのことはしてもいいんじゃないか。子供には歩道を歩かせず、なおかつ車道によけようとする私には注意も向けず、のうのうと歩いている。

私は文句をいおうと、振り返ったのですが……。

ふたりの姿は消えていました。

「逃げやがったかあ。それにしても、逃げ足早いよな」

後ろを歩いている三人に、そう話しかけたのですが、三人ともキョトンとしています。

逆に、

「なんだ、そりゃ」

と、いうだけでした。

「たったいま、母親と子供がすれ違っていっただろ」

と説明をしましたが、誰もが口をそろえて、

「誰もいなかった」

というのです。

私は、いったい何を見たのでしょうか？

山道を先行する老夫婦はどこに消えた？

北村弘　新潟県　三十四歳

ある年の暮れ、私はハイキングコースとして親しまれている新潟県のある山に家族で出かけました。

日頃は忙しく、めったに出かけることなどないので、妻の由美も息子の慎治も上機嫌で、慎治は車のなかでもはしゃぎどおしでした。

うっすらと雪の積もった山道を４ＷＤは軽快に走り、山の中腹にある研修施設に着くと、その駐車場に車を入れました。

外に出ると、冷たい空気がからだを包みましたが、久しぶりの雪景色に、私も童心にか

えったような気持ちです。

三人は真新しいスノーシューに履き替え、雪の感触を確かめるように何度か足踏みをしました。スノーシューは洋風のカンジキで、雪道を歩くには最適です。

慎治は雪の深いところを探しては、わざとなかまで入っていって、歓声を上げていました。

こんな時期ですから、ハイキングに来るような人もいなくて、大自然を家族で借りきったようなぜいたくな気分です。

私たちは登山口まで歩き、できればもう少し歩いて、その少し先にある滝を見てくるつもりでした。

ときおり、風に吹かれて木の枝から雪がバサリと音をたてて落ちてきます。そのたびに三人で声をたてて笑いました。

落ちてくる雪を避けようとして、雪の上に転んだ慎治が起き上がりながら、ふと顔をあげ、「あれ?」と動きを止めました。そして、

「あそこ、あそこに誰かいる!」

といいます。

慎治の指さす山道の前方に目をやると、たしかに人影が動いていました。

「あの人たちも新しいスノーシューを履いてみたくて、来たのかなあ」

慎治は無邪気にそういいました。

「ああ、そうかもしれないね」

笑いながら答えて、三人で歩きはじめ、人影との距離が縮まると、ふたりの男女の姿がはっきりと見えてきました。

カーキ色のズボンとベストを身につけた男の人とベージュにグレーの上着、ブルーのナイロンのようなズボンをはいて黄色い帽子をかぶった女の人でした。

顔が見えるほど近くはありませんでしたが、歩き方や全体的な感じから、私の両親くらいの年配の人たちに見えました。

「いいねえ。歳をとっても、いっしょに山歩きに出かけてくるなんて」

私がそういうと、由美は、

「私たちもおじいさん、おばあさんになっても仲良く歩きに来ましょうね」

と笑っていました。

曲がりくねった山道の先を行く年配のふたり連れは、見え隠れしながら、どんどん先に進んでいきます。よっぽど歩き慣れているのか、追いつけそうにもありません。

登山道の入口まで、あと三分の一ほどというところまで来たとき、突然、

「オーイ……！」

という声が、下のほうから聞こえてきました。

私は一瞬、熊でも出たのかと、からだをかたくしましたが、もう一度「オーイ」という声とともに下のほうから登ってくる一組の男女の姿が見えたので、ほっと胸を撫で下ろしました。

「こんな時期に珍しいね。いやあ、まさかとは思うけど、自殺でもされたら困ると思って」

私たちに追いついてくると、五十代くらいの男性が息を切らせながらいきなりそんなことをいうので驚きました。

「はあ？　自殺……ですか？」

「ああ、悪い悪い。すこし前に若い女の人がさ、便所の脇の木で首吊ってさ。たいへんだったんだ……」

男性は由美と慎治に目を向け、少しきまり悪そうに頭を掻《か》きました。

「じゃあ、おじさんたちは村の監視員の人ですか？」

私が聞くと、ふたりは顔を見合わせ、ためらいがちに、

「いいや、違うんだ。ちょっと前に友人を亡くしてね。この山で遭難したんだけど、上のほうの駐車場に遺体を運んでさ。だから、そこまで、花を持っていくんだ」

といいます。

それから、人のよさそうなふたりといっしょに私たちは山道を登っていきました。上の駐車場に着くと、そこに花を供え、私たちもいっしょに手を合わせ、お参りをさせてもらいました。

駐車場の先は通行止めになっていて、そこから先には行けません。遭難することもある山なのですから、この山は侮れないとあらためて思ったものです。

二〇分足らず、そこにいたあと、私たちはみんなで山を下りることにしました。そしてそのとき、気がついたのです。

さっき見かけた年配のふたりは……？

「あのう、私たちのほかに、ふたり連れの方を見ませんでしたか？」

私が問いかけると、男性は首を横に振りました。

「いんや、誰も見なかった。それに、あんたらの足跡しかなかったよ」

足跡……？

そういえば、そうです。私たちが登った山道には足跡はひとつもなかった……。スノーシューの履き心地を確かめながら歩いた私たちは、足もとをよく見ていたのです。ずっと真新しい雪を踏む感触を楽しんでいました。

では、あのふたりはいったいどこを歩いていたのでしょう？

そう思った私は急に黙りこんでしまい、いっしょに歩くふたりには悪いと思ったのですが、なんとか合理的な答えを見つけ出そうとあれこれ考えを巡らしていました。由美もおかしいと思ったのでしょう。俯《うつむ》いて何事か考えています。

やがて、研修所のあるところまで来て、ふたりと別れたのですが、二〇メートルも行かないうちに引き返してきました。

そして、男性は大きく息を吸いこむと、

「おかしいと思っておられるんでしょうな。お話ししましょう。あんた方が見たのは……亡くなった私たちの友人夫妻に違いない。オレたちも見たことがあるんだ。お参りに来ると何度か、オレたちの目の前を歩いてんだ。気味が悪いと思わんでください。怖くないから、心配しないで」

といい、軽く手を上げて、去っていってしまいました。

「そういえば、あの人たちの服……」

由美にいわれなくても、気がついていました。

ズボンにベスト……、この雪の降り積もる山で身につける服装ではありません。きっと、山に入ったときのままの服装で、いまも歩いているのでしょう。

「友人どうしのあいだにオレたちがいたから、気に入らなかったのかなあ」

誰にいうともなく、そんな言葉を漏らすと、由美は山のほうに向かってもう一度手を合わせました。

私はまったく縁のない二組の夫婦との奇妙な巡り合わせに、何か因縁を感じずにはいられませんでした。

ラブホテルにやってくる「見えないカップル」

松本秀樹　千葉県　二十八歳

僕たちふたりが奇妙な体験をしてから、まだ数カ月しか経っていません。

それは、梅雨に入る前の蒸し暑いある日の夕方のことでした。

僕は恋人の由起子と久しぶりに会い、東京の新小岩にあるホテルに入りました。おたがいに忙しくて二週間会っていなかったので、部屋に入るなり、すぐに両手でギュッと抱きしめあっていました。

前にも何度かふたりで来たことのあるホテルなのに、なんだか新鮮に感じられます。

「今日の由起子は、とてもきれいだよ」

抱きあったまま、囁《ささや》きながらベッドに倒れこんだときです。

「トゥルル………トゥルル……」

ベッドサイドの内線電話が無粋な音をたてました。

「なんだよ……こんなときに……」

由起子を抱きしめていた手をゆるめ、僕は受話器をとりました。すると、

「料金を間違えました」

フロントの女性の愛想のない声が流れてきます。

いったい何をいっているのかわからず、聞き直そうとすると、

「すみません。いまのはこちらの間違いです」

相手はそういって、一方的に電話を切ってしまいました。

部屋を間違えたのか、何か勘違いをしたのか、普通はありえないことに、由起子も「何?」という顔をして、なんだかシラけた気分になりましたが、ふたりはもう一度しっかり抱きあいました。

ところが、今度は急に由起子が上半身を起こし、「シッ!」と唇に指を当てたまま、ドアのほうを見ました。

「ガチャ……キィ……」

たしかに、ドアを開ける音が聞こえます。そして、つづけて、

「カチャン……」

静かに鍵のかかる音が響いてきました。

ふたりは目で合図をしあうと、僕がそっとベッドから降りて、素足のまま、ドアの前まで行ってみました。

聞き耳を立てて廊下に意識を集中させましたが、人がいるような気配はまったく感じられません。そこで、音をたてないようにゆっくりとロックを外し、ドアを開けてみたのですが……。

誰もいません。

振り向いて首を振ると、由起子は「お掃除のおばさんがマスターキーで開けたのかなあ」と独り言のようにいいます。しかし、僕がドアの前に立ったとき、表には人の気配も足音もまったくしなかったのです。

「靴があったから、驚いて閉めたんじゃない？」

由起子は苦笑しながら、そういうと、僕に向かって両手を広げてきました。

表で何が起こったのかわかりませんが、そんな詮索をするために来たのではありません。

僕はふたたび由起子の待つベッドに戻りました。

そのときです。

「ペタ……ペタ……ペタ……」

洗面所のほうからスリッパを履いて歩いているような音が聞こえてきました。

触れあった由起子のからだがかたくなるのがわかりました。

「ペタ……ペタ……ペタ……」

空耳《そらみみ》などではありません。ふたりともしっかりその音を聞いたのですから。

僕は拳を握りしめて立ち上がると、思いきって洗面所を覗いてみました。

……誰もいません。スリッパは洗面所の片隅にきちんとふたつ並んでいます。

首をかしげながら、ベッドに戻った僕は由起子と抱きあいましたが、そのときにはふたりとも愛しあいたくて抱きあっているのか、得体の知れない不安から逃れるためにそうしているのかわからなくなってきていました。

「……ねえ、バスルームから……」

由起子にそういわれなくても、僕にも聞こえはじめていました。洗面所の奥のバスルームから聞こえてくるのです。

「ふふ……ふふふ……」

女の人の押し殺したような含み笑いの声……。

「ふふ……ふふふ……」

含み笑いにかぶさるように聞こえてきた男の人の声にはエコーがかかっています。

「こらこら……おまえ……」

由起子が僕のからだを揺さぶりました。

「あれ、隣の部屋からよね。ここじゃないよね……」

「ああ、隣の部屋からだよ……。この部屋のはずないじゃないか……」

そういいながらも、ふたりはじっと耳を澄ませていました。すると、奇妙なことにその声はバスルームからではなく、別のところから聞こえてくるように感じられはじめたのです。別の場所……そう、天井のほうから……もっと正確にいえば、空中から聞こえてくるのです。

僕たちが言葉を失っていると、

「カチャ……」

さっきのような鍵を開ける音がまた聞こえました。

「キィ……」

ドアを開ける音もまったくおなじです。

「出ていった……？　仲がよさそうだった。よかったね……」

由起子がつぶやくようにいいました。

こんな奇妙なことが起こっているのに、何が「よかった」のか、僕には少しもわかりません。何がいいたいのか、確かめようとしたとき、

「トゥルル……トゥルル……」

内線電話が鳴りました。

「いま、ドア開けました？」

さっきのフロントの女性の声が流れてきました。

「いいえ、開けませんけど……」

「そうですか。まだ、いらっしゃるんですものね……」

電話はそれで切れてしまいましたが、どうも腑に落ちません。

こうしたホテルのドアの開閉はセンサーでフロントにつながるもので、よっぽどのことがないかぎり、部屋に内線で連絡をしてくることなどないはずです。ということは……やはり、誰かが出ていった……？

由起子もおなじように感じているようでした。

僕たちは、もうその部屋にとどまる気になれず、申し合わせたように立ち上がり、ドア

を開けました。

　廊下に出て確かめると、僕たちがいた部屋は二階のいちばん奥で、しかももう片側は階段になっています。

　あの声はやはり隣から聞こえてきたものなどではなかったのです。

　エレベーターのほうに向かいながら、由起子がこんなことをいいました。

「私、わかるような気がする。きっと事故か何かで亡くなったふたりが、自分たちが死んでいることに気がつかないで、生きているときとおなじようにここにやってきたのよ……。そうだとすると、なんだかうらやましい……」

〈うらやましい……か〉

　ふたりで乗ったエレベーターの扉が閉まる瞬間、僕の耳元に囁くような声が聞こえてきました。

「うらやましいのは……私のほうよ……」

　驚いて、あたりを見ましたが、もちろん由起子以外の人影はありませんでした。

　それは、奇妙で、いま思い出しても背筋が寒くなるような時間でしたが、同時に僕たちの心を物悲しくさせるような出来事でもありました。

妖しい月夜に、川のなかを歩く白髪の老婆

高柳泰宏　群馬県　二十三歳

夏休みに部活のみんなで恒例のキャンプに行ったときのことです。

その日は、僕たちのクラスだけ補講授業があったので、僕と後輩のふたりは部活のみんなとは別行動になり、授業が終わってから現地に向かいました。

僕たちがキャンプ場に着いたのは、もう日も暮れかかるころで、バーベキュー大会がすでに始まっていました。男女合わせて十人くらい、かなり盛り上がっていましたが、その仲間に入ってまもなく、あたりはすっかり暗闇になっていました。

キャンプ場のある場所は、かなり深い山の奥の川原で、OBの先輩が会社の人から教えてもらったという「穴場」らしく、いい場所でしたが、他にまわりでキャンプしているグループはありません。

その夜は月がギラギラと、もの凄いほど光っていたのを覚えています。

しばらくのあいだは、みんなと騒いでいたのですが、授業の疲れが出たのか僕は気分がすぐれず、とても眠くなってきたので、その場をそっと離れました。

そうして何を思ったのか、自分でもよくわからないのですが、涼しげな葦《あし》の茂みのなか

に入りこんでいき、横になりました。葦の葉のあいだから見える星空や明るすぎるほどの月がきれいで、ぼんやり眺めていると、そのうち猛烈な睡魔に襲われました。

どのくらいの時間が経ったでしょうか。

ポンと肩を叩かれ、僕は驚いて目を覚ましました。

闇のなかに、友達の大きく見開いた目があります。

「あ、ごめん。寝てた？」

「寝てたじゃないよ。みんな心配して、捜してるぞ！」

少し声が震えるほど興奮している友達のようすはただごとではなく、僕は面食らってしまいました。ほんの少し、うたた寝をしたくらいにしか思っていなかったのです。

しかし、あとで話を聞いてみると……。

バーベキューもすっかり終わったので、そろそろ寝ようかというときになって、僕の姿が見えないことに気づき、みんなで手分けして捜すことになったそうです。

友達のひとりは、川のほうへ降りていったそうですが、ふと見ると、川の真ん中をざんばらの白髪で、着物姿の老婆がザブザブと歩いている……。

その進んでいくほうに目を向けると、僕の姿が……。

つぎの瞬間、老婆は消えていたといいます。

また、後輩のひとりは、橋の上から、やはり川のなかを歩く白髪の老婆の姿を見たそうです。その老婆の姿も、別の友達が目撃した老婆とまったくおなじ風貌だったということでした。

もしかすると、「山姥《やまんば》」というものなのでしょうか。

だとすれば、彼女は、僕を取るつもりだったのか、それとも、発見されるように友達に教えてくれたのか……。

いまでも謎です。

真夜中の車道に立つ「ゾンビみたいなやつ」

野原浩史　神奈川県　二十六歳

会社で同期の村田くんが実際に体験したという話です。

横浜市の泉区に住んでいる彼は、車好きで、時間があるとひとりでもふらりと車を走らせに出かけていたそうです。

ある夜のこと、遅くまでドライブをした帰り、自分の家に向かって車を走らせていましたが、時刻はもう午前二時をまわっていました。

そのあたりは夏になると、霧がよく発生する場所でした。

真夜中なのでまわりに人影はなく、前に車が一台走っているだけでした。

道路の両端が畑になっているところに差しかかったあたりで霧が濃くなり、視界が急に悪くなったので、スピードを緩めたそうです。

霧の夜はヘッドライトが乱反射を起こしてしまって、極端に見えにくくなるものです。彼はいつもより慎重に運転をつづけました。

そして、しばらく行ったとき、前を走っていた車が突然、急ブレーキをかけたかと思うと、いきなりタイヤを軋ませながらUターンをして、自分の横を猛スピードでいま来たほうへ戻っていきました。

その行動があまりにも不自然で、尋常ではないスピードで引き返していったので、なんだろう？　と少し不審に思いながらも彼は車を走らせました。

ところが、前の車がUターンしたあたりまでくると、彼も急ブレーキをかけずにはいられなかったといいます。

道路の中央に黒い塊が突然、現われたからです。ヘッドライトに映し出されたそれは、交通事故にでもあったかのような、ボロボロの服を着た男性でした。男性は道路の真ん中にフラフラと立っていて、こちらを見ています。

男性はゆっくりゆっくり、近づいてきます。一歩近づくごとに、その姿が、顔がはっきりと見えるようになりました。

顔は半分腐ったように崩れかけ、眼球はあるべきところからすでに落ちてしまったのか、完全に窪んでいて真っ黒です。しかし、その目は確実に村田くんを見ていました。眼球のない目でジ〜ッと……。

一歩ずつ近づきながら、男性はまっすぐ両手を差し出してきます。まるで、救いを求めているかのように……。

焦った村田くんも前の車とおなじようにUターンをして、思いきりアクセルを踏みました。そして、いつもと違うコースで遠回りをして自分の家に帰ったそうです。

僕は彼からこの話を聞いたときは信じていませんでしたが……。

しばらく経ったある日、僕は床屋に行きました。

あとから来た男性が椅子に坐るなり、店員に話しかけました。

「この前、あそこの道でゾンビみたいなの見ちゃったんだよ」

僕は村田くんに話を聞いた直後だったので、そのお客さんに詳しく聞いてみることにしました。

するると、そのお客さんが「ゾンビみたいなのを見てしまった」のは、村田くんが顔の腐った男を見てUターンしたのとおなじ場所で、やはり霧がかかっている深夜だったそうです。

それ以来、その道は通らないようにしています。

天ヶ瀬ダムの湖上にたたずむ女

松井勝道　京都府　二十五歳

これは八年前の話です。

宇治に天ヶ瀬ダムというところがありますが、噂によると、僕たちが奇妙な体験をしたあと、自殺する人が多いということで一七時以降は閉鎖され、夜間の立ち入りが禁止されていると聞きました。

僕は宇治の近くの高校に通っていました。

毎日、クラブ活動に明け暮れ、放課後はかなり遅くまで学校に残っているような生活を送っていました。その日も、クラブ活動で遅くなってしまい、なぜか友達ふたりと顧問の先生に車で送ってもらうことになりました。

初めは僕たちの家に向かって車を走らせていたのですが、何を思ったのか、先生は急に、

「まだ暗くなってないからダムに行こか？」

といいだし、ハンドルを切りました。

車はダムを目指して走り、山道にさしかかったころ、急に雲行きが怪しくなり、いまにも雨が降りそうな空に変わってきました。

案の定、桜並木を越える前で雨が降ってきました。

僕たちは内心、不安でした。天ヶ瀬ダムにまつわる怖い話を聞いたことがあったからです。たぶん、ただの噂だとは思っていましたが、それでも、先生に、

「天ヶ瀬ダムはいい話聞かないし、帰ろう」

と提案しました。

しかし、先生は、

「せっかく来たんだし、夜、暗くなってから入ってみよ」

といいます。

もうすでにあたりは薄暗くなりかけていて、外灯に光がともるまでに、そんなに時間はかかりませんでした。

外灯はダムのところにポツポツ立っている程度でしたし、雨のため、そのくらいの光では役に立たないほど、視界は悪かったと思います。

午後八時をすぎたころ、天ヶ瀬ダムに着いて、先生が途中で買ってくれたおにぎりを食べ、車中で今後のクラブ活動のことやとりとめのない話をしていました。

そのとき、ふと何かの気配を感じて、外に目をやると、ひとりの女性が外灯の近くに立っていました。

僕が先生と友達に無言のまま、合図を送ると、ふたりは同時に僕の指さすほうに目をやりました。

こういう暗いところはいわゆる不純異性交遊が多く、そういう類の人だと思ったのです。

しばらくして、先生が僕たちに向かって、

「あそこって、地面の上やなぁ?」

と確認するようにいいました。

雨で視界が悪いとしても、女の人は外灯に近いところではあるけれども、あまりにも不自然なところに立ってます。

「何か違う……」

と友達がかすれた声を出します。

考えてみれば僕たちがいるここは、一般の人が夜中でも入れるところで、そこから向こうは関係者しか入れない場所。外灯は関係者用の、足元を照らすものでした。その女性が立っている場所は水の上だったのです。

すぐに先生が車を走らせてくれたので何事もなかったのですが、怖い体験をしました。

山のロッジに潜む「見えないもの」たち

神谷絵里　長野県　二十三歳

私自身は霊感など皆無なので、そういったことに関する恐怖体験は少ないのですが、以前、長野県にあるスキー場のロッジでシーズンバイトをしていたときには、いろいろな話を聞きました。

そのなかからいくつか、お話ししてみようと思います。

ある夜のこと、バイトのひとりが従業員用のトイレに行ったそうです。従業員用のトイレというのは、地下の従業員部屋の隣にあるのですが、彼が個室に入っていると、ドアノブがガチャガチャと音をたてました。彼はバイト仲間の悪戯だと思いました。

従業員どうしは合宿感覚でけっこうふざけあったりするので、こんな夜中までよくやるよ、くらいにしか考えませんでした。

ドア越しに何度も何度もガチャガチャとノブをまわされ、彼はいいかげん腹を立てながら、用を足し、何といってやろうかと思いながら、ドアを開けました。

ところが、そこにはもう誰もいません。

そして、外に出ようとしたとき、履いてきたはずの青いスリッパがないことに気づきました。きっと悪戯の仕上げにスリッパを持っていったにちがいありません。頭にきた彼は、すぐにふたつの従業員部屋を見に行きました。

しかし……、仲間は昼間の疲れからか、全員高いびきでぐっすり眠っているのでした。

そのとき、彼はトイレから出たときに聞いた音を思い出しました。

スリッパの「ペタペタ」という音が、たしかに一階への階段を上っていく音……。

スリッパ泥棒がいったい誰だったのかは不明です。

足音に関しては、私も一度不思議な音を聞いたことがあります。

シーズン前のある日、オーナー一家は釣りと温泉旅行を兼ねて富山県のほうに出かけ、バイト仲間も一度実家に戻ったりして、ロッジに留守番役として、私と昌也さんというバイトだけが残ることになりました。

その夜、昌也さんは二階の客室で、私は地下の従業員部屋で眠っていたのですが、夜中に何か物音が聞こえたような気がして、ふと目を覚ましました。

すると、「ペタペタペタ……」と走りまわっているような足音が一階から聞こえてくるのです。それは、大人の足音ではなく、小さな子供が走りまわっているような軽くて歩幅が短い音でした。

「ペタペタペタ……、ペタペタペタ……」

ひとりではありません。何人もの子供が、まるで鬼ごっこでもしているかのように走りまわっている……。

もちろん、お客さんはまだ一組も来ていないし、オーナーの子供も両親といっしょに出かけています。

あれは、いったい何の足音だったのでしょう?

不思議なことは音だけではありません。

また、別のときには何人かの人がどうしても説明のつかない不思議な光景を目にしているのです。

シーズン中でも、午後一時ごろから五時ごろまでは、お客さんたちはゲレンデに出てしまうので、バイトは自由時間を持つことができました。朝早くから夜遅くまで仕事があるので、自由時間になると、部屋で仮眠をとる人もいますし、せっかくスキー場でバイトしているのだからと、自分の板を持ってゲレンデに出ていく人もいます。

そんななかで、昌也さんがオーナーの子供と二階の廊下で段ボールを使って遊んでいる姿を何人かのバイトが見かけました。

しかし、その時間、昌也さんはお客さんを迎えに白馬の駅まで出ていたのです……。

いっしょに遊んでいたオーナーの子供に聞いてみると、外で車の止まる音がして、「本物の昌也さん」が、お客さんを連れて玄関を入ってきた気配がしたとたん、いっしょに遊んでいた昌也さんは、二階の客室に入っていき、そしてそのまま戻ってこなかったそうです。

昌也さんはバイト歴も長く、オーナーの子供が見間違えるはずは絶対にありません。その子はいっしょに遊んだ昌也さんについて、

「機嫌が悪いのか、いつもより口数が少なかった」

といっています。

もちろん、「本物の昌也さん」に尋ねても、二階で遊んだなどということはなく、何のことかわからないというばかりですし、とくに変わったことやその後、体調を崩すといったこともありませんでした。

そんな話を聞いていると、ロッジにはオーナーやお客さんや私たち以外に「誰か」がいるに違いないと思わずにいられないのですが、バイト仲間の真由美ちゃんの話を聞くと、本当にそうとしか思えなくなります。

真由美ちゃんが夕食の準備をするために、午後の三時半に厨房に入る当番になっていた日のことです。少しだけと思って横になった真由美ちゃんは、つい寝過ごしてしまったらしく、厨房に駆けこんできたのは午後五時になってからです。

「起こしてくれてありがとう」

開口一番そういわれて、バイト仲間はみんなキョトンとしました。夕刻の忙しい時間、真由美ちゃんが遅刻していることさえ気づかず、仕事をしていたのですから、誰も起こしになど行っていません。

オーナーも真由美ちゃんの部屋に入っていません。

ところが、真由美ちゃんは、「真由美ちゃん、真由美ちゃん、起きろよ、時間だよ」といってからだを揺すられて目が覚めたというのです。

いったい誰が……？

彼女は見えない相手に名前まで覚えられてしまったのでしょうか？

最後に、バイト仲間の千絵ちゃんからも奇妙な話を聞きました。

千絵ちゃんは通年バイトで、冬季シーズン中はみんなとおなじ地下の従業員部屋で寝泊まりをするのですが、夏場は客間のひとつを使わせてもらっています。

ある夜、その客間でテレビゲームに夢中になっていると、座イスがわりに使っているボディソニックにゲーム以外の雑音が入ってきたのだそうです。

千絵ちゃんは霊感が強いらしく「これはヤバイ」と感じて、さっさとゲームをやめると、灯を消して、布団に潜りこみました。すると、しばらくして目の前に人の足だけが見えたそうです。千絵ちゃんは驚きのあまり、そのまま気を失ってしまい、気がつくと朝だったそうです。彼女の偉いところは、そんなことがあったのに、いまだに夏になるとおなじ部屋を使っているというところです。

説明できない奇妙なことがいくつもある不思議なロッジでした。

三浦高志　北海道　二十七歳

トンネルの閃光のなかで動く黒い影

私は北海道空知郡に住んでいます。

昨年の夏、奇妙な体験をしました。

その日、友人の城田くんと気晴らしに真夜中のドライブに出かけました。かなり走って少し疲れたので、高速道路の下を潜るトンネルのなかに路駐して、ふたりで話しこんでいました。トンネルといっても、ほんの十メートルくらいのものです。

ほかに通る車もなく、真っ暗ななかで三十分ほど他愛もない話をしていると、突然、フラッシュをたいたようにトンネルのなかが一瞬、パッと明るくなりました。

「なんだ？」

思わず、声をあげましたが、その現象は何度も何度も繰り返し起こりました。

車のライトは消しているし、ほかに光源となるようなものはどこにも見当たりません。それなのに、一瞬、トンネルのなかが昼間のように明るくなるのです。

私はあたりを見まわしましたが、不思議なことに城田くんはまったく気にしていないのか、何も反応しないのです。

話が盛り上がっているときに、自分だけよけいなものに気を取られたようで悪い気がし、私は光が見えていたかどうか聞きそびれてしまいました。

しかし、ふと話が途切れたとき、今度は城田くんが突然、いいました。

「あっ、いま、車の前を何かが横切った」

何が横切ったのか、聞かなくてもわかります。私にはまったくありませんが、城田くんは霊感が強く、見てしまうのです。

「車の前、トンネルの出口のところ。道路脇の草むらから草むらへ、真っ黒い上半身だけの影が右から左へ、スーッと平行移動していった……。おっさん、だったよ……」

それが、城田くんの見たものだそうです。

私もそのとき、城田くんとおなじように前方を直視していましたが、私には何も見えませんでした。

黒い影は草むらに消えたそうですが、それきり現われず、フラッシュのような閃光現象もおさまりました。

そこは城田くんの家のすぐ近所でしたが、友人の松井くんも、城田くんの家に遊びに行く途中、よく黒い影に追いかけられたそうです。

「それ」は、奈井江《ないえ》の墓場から高速道路を潜るトンネルまで、車を追いかけてきたそうですが、トンネルのところで止まって、それ以上は来ない。しかし、帰り道にトンネルを通ると、また「それ」が追いかけてきて、奈井江の墓場あたりで消えていくそうです。

松井くんにも霊感があります。ですから、その黒い影がやはり「おっさん」だと直感的にわかったといいます。

城田くんと松井くんの見た「それ」は、おなじものなのではないかという気がします。

ふたりがなぜ「それ」を見てしまうのか。

ひとつだけ考えられることがありました。

その近辺には以前、水田用の溜め池があったそうです。そこに農家のおじさんが運転を誤ってトラックごと落ちてしまったのですが、水圧がかかったドアが開かず、そのまま車のなかで溺死してしまったそうです。

いまは立ち入り禁止の看板が立てられているところが、「おっさん」の消えていった草むらです。

友人たちが見たのは、そのおじさんではないかと思うのです。

第四章　現世に未練を残す悲痛な情念の祟り

女の長い黒髪が私の震える唇の上に……

大城行男　神奈川県　三十三歳

これは私が福岡市の大学に通っていたときの話です。

初めに借りたアパートには一年間住んでいましたが、二年生になるときにどうしても引っ越そうと決めていました。

最寄り駅から遠く、不便だということもあったのですが、いちばん大きな問題は駐輪場から二回も自転車を盗まれたということでした。

つぎに住むところは駅の近く、オートロックで防犯設備のある新築にしようと、夢を膨らませていたのですが、自分の財布の中身を考えれば、そんな物件に住めることなどできないということはわかっていました。

ところが、あったのです。

物件を探しはじめて、三日後、思い描いていたとおりの物件があっさり見つかってしまったのでした。しかも、格安で。

新築、ケーブルテレビ完備、コンビニまで徒歩三分、マンションから半径五〇～六〇メートルの範囲で生活に必要なものは確保できるという夢のような環境を、家賃七万円で手に入れることができたのです。

しかし、いま考えると疑問に思えることはいくつかありました。

まず、安すぎました。それに、もとは分譲マンションとして売り出されていたのに、賃貸物件になっています。しかも、安い割には空き部屋がたくさんありました。

奇妙なことばかりですが、でも、そんなことをいちいち気にしていたら、こんな好条件のマンションに住むことなどできないだろうと、私はさっさと決めてしまいました。

入居当日、友人に手伝ってもらって一気に引っ越しした私は、夜にはすっかりくつろいで、カップラーメンを食べながらテレビの心霊特集を見ていました。

それは再現映像でしたが、目を離せなくてずっと見ていたのに、いよいよクライマックスというところで、いきなり部屋の明かりがパッと消えてしまいました。しかし、テレビの映像はまだ流れつづけています。

一瞬、「停電か?」と思ったのですが、テレビは消えないのですから、そうではなさそうです。まだ部屋のことに慣れていないので、ブレーカーの一部が落ちてしまったのかと調べてみましたが、異常はありません。

ただ、取り換えたばかりの蛍光灯が切れていることは確認できました。でも、切れた蛍光灯だけではなく、ほかの電気製品もみんな影響を受けたのですから、奇妙なことでした。

もう夜も更けていて、不動産屋に連絡もとれない時刻ですから、その日はあきらめて早々に眠ってしまいました。

「パキッ、パキッ、パキッ」

生木を裂くような音に目を覚ますと、寝る前に消したはずのテレビがついています。その明かりのなかで時計を見ると、午前二時をさしていました。コンクリートのマンションなので、木を裂くような音など出るはずがありません。

私は訝《いぶか》しく思いながら、からだを起こし、注意深くあたりを見まわしました。すると、窓に白っぽい何かが映りこんでいるように思えたので、目を凝らして見てみると……。それはだんだん形を変えていきます。そして、浮かび上がったのです、髪の長い女性の輪郭が……。

私は布団を被って、ただ朝になるのを待ちました。

次の日、恐る恐る窓の外を調べてみましたが、変わったものは何も見つかりませんでした。しかも、部屋のなかの電気製品は元どおりつくようになっていたのです。

しかし、この引っ越し当日の異変は始まりにすぎませんでした。

ある日のこと、ソファでうたた寝をしていた私は、ふと目を覚まし、からだが動かなくなっていることに気づきました。いわゆる「金縛り」です。それはいままでに何度も経験していることでしたので、しばらくすれば動けるようになるだろうと、じっと我慢していました。

「トゥルル……トゥルル……」

こんなときにかぎって、電話です。

〈こんなときに電話してきたって……出られるわけねえだろ……〉

しびれたような頭でそう考えましたが、そのとき急に金縛りに抵抗してみたくなったのです。

そこで、どこかに動く部分があるのではないかと、意識を集中して手の指先から少しずつ力を入れていってみました、すると、どうにか腕の自由が戻ってきたので、鳴りつづける電話の受話器を取ると、耳に押し当てました。

「ウウ……ククク……ウ……」

受話器からは女性のすすり泣いているような、笑っているような、なんとも形容しがたい声が聞こえてきます。しかも、それは受話器からではなく、直接私の脳に響いてくるような声でした。

「ククク……ウウ……ウ……」

その声は一分近くもつづいて、それからいきなり電話は切れてしまいました。

それと同時に、私は自由を取り戻したのですが、からだじゅう冷たい汗でびっしょり濡れていました。

それからというもの、奇妙なことは頻発しました。

部屋に入ると、急に足を引っ張られるような感触があって、前のめりに倒れてしまったり、夜中には胸の上に何かが乗っているような重苦しさで目を覚ましたり……。

通常では考えられないようなことばかりつづいたのですが、便利なマンションを出ていく気にはなりません。なによりも学生の身分で、何度も引っ越しができるほど余裕もなかったのです。

怪現象に耐えて、ようやく卒業すると、私は就職先の東京に行くことになりました。引っ越し先も決まり、一カ月半後にはマンションを出るという手続きが終わったころのことです。

眠っていた私はついに見てしまったのです。

仰向けになって休んでいた私を、また金縛りが襲ってきました。何度経験しても、息苦しく気持ちの悪いものです。声にならない呻き声を出して、なんとか金縛りを解こうとしていた私の耳に人の声らしきものが聞こえてきます。耳もとで誰かがしゃべっているような聞こえ方でした。

私はかたく閉じた目を無理やり開きました。すると……。

鼻と鼻がぶつかるくらいの近さに何かがありましたが、一瞬なにごとが起きたのか、わかりません。でも、すぐにはっきりとしてきました。それは……。

人の顔でした。

顔をひきつらせ、すごい形相をした長い黒髪の女がジィーと、顔を覗きこんでいます。黒い髪が私の震える唇の上に蛇のように垂れています。

「ぎゃあ～！」

しぼりだすようにかすれた声がようやく出ました。

すぐに目をつぶり、心のなかで必死にお経を唱えました。

永遠につづくのではないかと思われるほどの長い時間、身じろぎもできず、息をつめたままでいました。気がつくと、汗びっしょりで朝を迎えていました。

現在は金縛りにあうこともなく、穏やかに暮らしていますが、あの当時、隣の部屋の入退居が異常に激しかったのもいまとなっては頷けます。

そういえば、あのマンションの裏には病院が建っていましたが、それもあの怪現象に何か関係があったのでしょうか。

たしかなことは何もわかりませんが……。

午前二時、奥多摩を走る車の前に奇妙な二人連れ

田野市郎　千葉県　三十四歳

いまから一〇年ほど前、私は車に凝っていて、暇があると、あちこちに走りに行っていました。なかでも、奥多摩は数えきれないほど走っていました。

その日は、友達ひとりを乗せて夜の一〇時頃に出発して奥多摩を目指しました。小雨が降っていましたが、それもまた楽しいといったところです。

東京方面から青梅《おうめ》市を抜け、奥多摩湖に着くころには、すれ違う車も少なくなってきました。奥多摩湖を左手に見て、さらに進んでいくと、民家らしいものもほとんどなくなりました。あるのは峠の茶屋くらいなもので、外灯もついていません。

「花魁淵《おいらんぶち》も近いぞ！」

私がいうと、友達は、

「こんな夜中にそんなことというなよな！　寄ってくるぞ！」

と、本気で嫌がりました。

行ったことのある人は知っていると思いますが、山梨県に入るとすぐに、「花魁淵」という曰《いわ》くつきの場所があるのです。「出た」とか「見た」との噂には事欠かない、いわゆ

る「心霊スポット」です。

私はそんなことは信じていませんから、友達の反応を笑いはしても、自分がびびったりするようなことはありません。

「花魁淵なんて、どうってことないって」

私がそういったときです。

目の前に、ふたつの影が飛びこんできました。

大きい影と小さい影……。それは車イスに乗っている人と、押している人の後ろ姿でした。雨のなか、傘もささず、黒いカッパと紺色のカッパを着て、とぼとぼと歩いているのです。

それは一瞬にして、視界の後ろに消えていきましたが、

「なんだよ~。びっくりさせるなよ！」

と、ふたり同時に叫んでしまいました。

しかし……、どう考えても、変でした。

もう夜中の二時です。そんな時間に車イスを押して歩くような場所ではありません。

一瞬、私たちは黙りこんでしまいました。口に出して「変だ」といってしまうのがためらわれたのです。本当に何か起きそうで……。

私は何も考えないことにしてアクセルを踏みつづけました。さっきまでとは違って、ふたりのテンションはやや下がり気味でした。

まもなく、相模湖に抜ける道に入っていきました。

すると……、また前方に黒いふたつの影が……。

車イスに乗っている人と、押している人……。カッパは黒と紺……。

ふたりともうなだれて、とぼとぼ歩いていきます。

さっきのふたり連れを追い越してから、もう三〇分は経っています。そんなはずはないと思いたいのですが、おなじ人たちに間違いありませんでした。

背筋が寒くなりましたが、その反面、顔を見てやろうという好奇心のようなものも湧いてきました。私はふたりを追い越しざま、減速して顔を覗きこみました。

ところが、顔の部分だけ真っ黒で、何も見えなかったのです。

〈ヤバイ！〉

そう思った瞬間、車イスに坐っていた人が急に立ち上がり、ものすごい勢いで私の車の前に飛び出してきました。

私は夢中でハンドルを切り、ぎりぎりのところで回避しました。もし、減速していなかったら、確実に轢いていたと思います。

そのすぐあとに、私はバックミラーで、友達は直接振り向いて確認しましたが、車イスのふたりは煙のように消えていたのです。

もちろん、そのまま、ぶっ飛んで帰りました。


もうひとつ、恐ろしい体験をしました。

それは、花魁淵での話です。

先ほどの話とはまったく違う日ですが、友達六人で深夜ドライブに出かけ、花魁淵で撮影をしたのです。

「何か、写るかな？」

といったくらいの軽い気持ちでした。

その夜は何事もなく帰ってきたのですが、数日後、現像された写真を見て、全員青ざめました。

あるものがひとつだけ、写っていないのです。

あるものとは、経文を書いた塔です。花魁淵の由来を書いた看板といっしょに写したのに、経文を書いた塔のほうだけが写っていないのでした。

フラッシュを使ったので、看板もまわりの風景もきちんと写っているのに、そこにあったはずの塔だけが写っていない……。

やはり、何かがあるのだと確信しました。

冷やかしに行こうと思っている人がいたら、やめたほうがいいと思います。

ツアコン無情！ いわくつきの部屋での一夜

吉川京子　広島県　二十歳

これは現在、ある旅行会社でツアコン（ツアーコンダクター）をしている先輩から聞いた話なのですが、どうやら旅行会社には「いわくつきホテルリスト」なるものがあるらしいのです。

そのリストは国内のみならず、海外のものまで網羅されているというのですから、驚きです。

ホテルや旅館のどの部屋が「ヤバイか」がリストアップされていますから、それを知っているツアコンはなるべくそんな部屋には泊まりたくないのですが、混みあう時期には、「その部屋」を使わざるをえなくなる場合もあります。

からだが鉛のように重くなってきたそのとき、

「トン……トントン……トントン……」

壁を叩くような音が聞こえました。

まるで合図を送っているような、ここにいるよといっているような……。

目を開けて、薄暗がりのなか、音のするほうを見ると、音はピタリとやみます。そして目を閉じると、

「トン……トントン……トントン……」

ふたたび聞こえてきます。

そんなことを何回もつづけているうちに、瞼《まぶた》が重くなってきました。壁の音に目を開こうとするのに、思うように目が開かなくなってきます。

目を閉じていると、ずっと鳴りつづける音が恐ろしくて、目を開けて見ていなくてはと思うのですが、徐々にコントロールがきかなくなっていきました。

すると、

「パタ……パタパタ……パタパタ……」

畳の上を走りまわるような音が聞こえはじめました。

重い目を無理やり開けて、音のほうを見ますが、何も見えません。しかし、目をつぶる

と……。

「パタ……パタパタ……パタパタ……」

子供が走っているような軽くて小さい足音です。それは、だんだん先輩が横になっている布団のほうに近づいてきて、しかも、ひとりではなく、何人かの足音が聞こえるようになってきたのです。

「パタ……パタパタ……パタパタ……」

「ククク……クク……」

耳元で、子供のかみ殺したような笑い声が聞こえます。

先輩は堪えきれず、大声で怒鳴りました。

「頼むから、寝かせてくれよ！」

すると、ピタッと音がやみ、先輩はそのまま眠りに落ちていきました。

「あれは、座敷わらしだったのかなあ……」

先輩はそういっています。

私は自分の職業はツアコンもいいなと考えていたのですが、この話を聞いてから、考え直しはじめています。

夜ごと聞こえる祭《まつり》囃子《ばやし》の正体

内山真理　大阪府　二十八歳

いまから七、八年前の少し不思議な体験です。

当時、私は神戸の大学に通う学生でした。実家からは遠かったので、尼崎市にある祖父母の家から通学していました。

ある夏の夜のこと……。

縁側に面した自分の部屋でテレビを見ていると、どこからともなく音が聞こえてきました。

「トントントントントン……」

軽い太鼓の音のように聞こえます。それが、庭木の向こうのその先、夏の夜空の向こうから流れてきました。

私は網戸を開け、外のようすを窺ってみました。

「トントントントントン……」

なんだか、懐かしくて胸がキュンとなるような音でした。

しばらく聞いているうちに思い出しました。それは夏祭りのお囃子の音だったのです。

家から三〇〇～四〇〇メートルほど離れたところに小さな神社があり、私は子供のころ、夏休みになって祖父母の家に来るたび、その縁日に連れていってもらったものでした。

そんなことはすっかり忘れていたのに、お囃子の音で、小さかったころの光景が昨日のことのように思い出されて、私はしばらくその音に耳を傾けていました。

ところが、何日かたって、不思議に思いはじめました。

そのお囃子は、気がつくとしょっちゅう聞こえてくるのです。

家でくつろいでいると、夕方ごろから「トントントントントン……」と聞こえはじめ、それが夜になってもつづくのでした。太鼓の音と、どことなくにぎやかな気配……。楽しそうではあるのですが、真夜中になって聞こえることさえありました。

それに、よく聞いていると、聞こえてくる方向が微妙に変わってきています。庭のほうから聞こえる日があると思うと、次の日は二階のほうから聞こえてきたり……。

本当に縁日の音かどうか、わからなくなってきました。

「おばあちゃん、お囃子、聞こえるよね」

一度、祖母に聞いてみましたが、

「このごろは縁日も短くなって、夏休みに二、三日だけのことだから、寂しくなったよね」

という返事でしたので、祖母の耳にはあの音は届いていないようでした。

こんなことがずいぶん長くつづいたと思います。

初めて気がついた夏から冬ごろまでつづいたような気もしますし、翌年の夏以降も途切れながら秋口まで聞こえてきました。

不思議なことに、私もその音に慣れてしまい、あまり気にならなくなっていたのですが、ある雨の降る夜に、ふと思い立って音の正体を確かめることにしました。

その日は、二階から聞こえてくるようでした。私は方向を確認して部屋から音のする二階に移動しました。すると今度は玄関のほうへと移ってしまったのです。

「トントントントントン……」

階段を降り、玄関に向かうと、音はますますはっきりと大きくなってきました。玄関の引き戸のすぐ向こうから聞こえてきます。

「トントントントントン……」

玄関を開けると、雨どいから玄関脇の植木を置いた板の上に、勢いよく水が落ちてきていました。

「なーんだ。そうだったのか」

壊れた雨どいからの水が板に当たる音だとわかると、お囃子だと思っていた自分がおかしくてクスッと笑ってしまいました。

しかし……。

すぐに気がつきました。

今日はずっと雨が降っています。でも、晴れている日にもずっとつづいていたのですから、そのせいばかりとはいえません。

その日以降、お囃子の音はピタリとおさまり、納得がいかなかったものの、いつしか、そんなことも忘れさっていました。

そして、何カ月か経ったころ、何かの本で江戸時代に記録された怪異な話を読んだのですが、そのなかに『狸囃子《たぬきばやし》』という話が載っていました。

夜、庭からお囃子の音が聞こえる。

何事かと駆けつけると、誰もいない。が、今度は裏庭から聞こえる。

結局、どうしても音の出所がわからず、悩むというものでした。

「もしかして、あれも狸囃子だったのかしら」

そんなことを考えていた矢先、出かけようと玄関を出た私は、たくさんの視線を感じてドキッと立ち止まりました。見ると、いるのです、たくさんの狸が……。

いつもは植木で鬱蒼としていた庭を、前日に庭師さんがきれいに剪定《せんてい》してくれたおかげで、信楽焼《しがらきやき》の狸の置物が姿を現わしたのでした。

「ああ、この子らやったんや」

そう思いました。

さんざんいたずらをして、最後の最後に姿を現わしてくれた、そんな気がしました。

お盆の夜、海岸に現われる「あれ」

西村明　新潟県　三十三歳

私は生まれも育ちも新潟県ですが、子供のころから新潟県北部の、ある海岸にはよく海水浴に行ったものです。

いまは観光地になっていますが、昔は漁師小屋のある岩場の洞窟などがあって、子供たちの恰好の遊び場所になっていました。

二五年ほど前のことですが、私は親戚の者たちといっしょに十数人でキャンプをかね、その海岸に海水浴に行きました。

初めは一泊の予定だったのですが、どういう理由かわかりませんが二泊することになり、子供心に嬉しかったことを覚えています。

当時は大人たちの夏休みといえばお盆と決まっていました。父は公務員でしたので、なおさらです。

漁師の家ではお盆になると、海岸に仏花を立てご先祖さまをお迎えするらしく、あちこちに花が立てられているのが不思議で、印象的でした。

その日の昼間、海水浴を楽しんでいると、沖にたくさんの船が出ていました。

私はそれもお盆の行事だと思っていたのですが、どうやら水難事故があったらしいと知ったのは、夜になってからのことでした。

日が落ちかけたころ、地元の警察の人がやってきて、今日はここでのキャンプは禁止だと告げ、事故があったことを教えてくれたのです。

あのころは私たちの親も若く元気だったのでしょう。

「海岸でキャンプができないなら、漁師小屋に泊まろう」

と話が決まり、捜索から引きあげてきたばかりの漁師さんに頼みこんで、漁師小屋を借りることになりました。漁師さんの家の奥さんが、

「こんなとこじゃなく、家に来なさいよ」

と親切にいってくれたのを覚えています。あのとき、その言葉にしたがっていればよかったのです。

　大人たちは漁師小屋に毛布を敷き、さっそく酒盛りを始めて大騒ぎでした。

　その後、子供たちは外で花火をしたりして遊びましたが、午後九時をすぎても、少しも眠くなりません。

　小屋のなかで、ロウソクの光に照らし出される網やガラスの浮きなどを見ながら、ずっとドキドキした興奮状態がつづいていました。

　しばらくすると、「おしっこ」といって誰かが起き上がりました。すると、みんな待ってましたとばかりに「僕も」「私も」と立ち上がり、子供ばかり六人で夜の海岸に出ていきました。

　水際に行くと、男の子は立ったまま、女の子はしゃがんで、「兄ちゃん、花があるよ」「おしっこ、かけんなよ」などといいながら、おしっこをしました。

　すると、そのとき、目の前の水際から海草の束のようなものが、ボコンボコンと浮かんでいるのが見えました。

「……海坊主……？」

　女の子が泣きそうな声を出しました。

　私もビクビクしていると、スーッと波が引いたとたん、それは目を閉じた人の顔に見えたのです。たぶん、六人ともそう見たと思います。

私たちは声も出せずに、二、三歩、後ろに下がりました。

つぎの瞬間、それはヌッと立ち上がり、目をつぶったまま、ゆらりゆらり揺れながらこちらに向かってきたのです。男だか女だかわからないそれは、表面がキラキラ光っているようにも見えました。

私たちは、いっせいに漁師小屋に走って戻りました。

そのまま、みんな何も話せず、眠りについてしまったのですが、翌朝になっても、昨夜の件に触れる子供は誰もいませんでした。何か悪いことをしてしまったというような気がしたのでしょうか。

それから一週間ほど経って、捜索していた男の子の水死体があがったことを知りました。

子供のころのあの奇妙な体験を先日、久しぶりに集まった従兄弟たちとようやく話題にしました。

「お盆に帰ってきたご先祖さまがあの世に帰るとき、ひっぱっていくっていう話もあるよな」

「じゃあ、水死した男の子はひっぱられたのかなあ?」

「オレたちがもう少し早くあの海岸に行っていたら、海のなかのあれにひっぱられたかもな」

「あれ」というだけで、私たちにははっきりと思い出すことができました。やはり、あれは海の亡者で、男の子は連れていかれたのでしょうか？

「お化け屋敷」と評判の廃屋で囁く声

石田浩子　秋田県　二十歳

私が小学三年生くらいのときのことですから、いまから一一年ほど前の話です。

いまはもう取り壊されてしまいましたが、近所に「お化け屋敷」と評判の廃屋がありました。

大人たちからは「危ないから行っちゃいけない」と止められていたのですが、子供の好奇心は止められませんでした。

学校が終わってから、友達の男の子ふたりといっしょに行ってみることにしたのです。私ひとり女の子だったので、ふたりが両側から私を挟むようにして歩いてくれました。

その「お化け屋敷」は通りから門まで少し離れていました。

田舎に行くと、昔からある農家がそんな造りになっていると思うのですが、門まで距離があるのです。その門までの道の脇には、畑や田んぼがあって、さらに屋敷までの両側は竹藪《たけやぶ》に囲まれ、昼間でも薄暗い気味の悪い雰囲気でした。

門はもう根元の部分が朽ちているのか、なかに向かって傾いています。その前で、三人とも一度立ち止まり、しばらくようすを窺っていましたが、ここまで来たのだからと、意を決して門をくぐりました。

すると突然、なだらかだった目の前の道が急に上り坂になったように見えました。それが目の錯覚だったのかどうか、いまでもわからないのですが、驚きと怖さで声も出なかったことだけはたしかです。

でも、せっかくここまで来たのだからと、私たちは「せめて屋敷まで行ってみよう」と、一歩踏み出しました。

そのときです……。

「おいで……」

耳元で声がしました。

びっくりして私と右隣の子が左を向くと、左にいた子も左側を向いています。全員が左を見たのです。

左側の子が顔をこちらに向け、

「いま、聞こえたよね」

といいました。

私たちは一度だけ頷くと、猛ダッシュで家まで走りました。

次の日、学校で三人が集まると、当然「お化け屋敷」の話になりました。

「おまえがいったのかと思った」

私の右側にいた子がいいます。

私は私で、左にいた子がいったのだと思っていたのです。

「じゃあ、オレにいったのは……誰だよ？」

左端にいた子は、腕をさすりながらそういいました。

三人とも、左耳に囁かれていたのです。

あのとき、私たち以外には誰もいませんでした。私たちは、子供でも入っていくのは難しいくらいびっしりと竹の生い茂った竹藪に囲まれていたのです。

あの「上り坂」になる道も不思議でした。六年生もそんな話をしていたので、それを見た人はほかにもいるはずです。

あの日のことは、いま、思い出しても鳥肌が立ちます。

夜八時、忘れ物を取りにいった学校での怖い話

野口徹哉　島根県　十九歳

小学二年か三年生のときだったと思います。

学校に『連絡帳』を忘れてしまい、親にひどく怒られ、「学校まで取りにいってきなさい」といわれました。

半べそをかきながら、しかたなく学校に行き、校門のところについたのは、たしか八時ちょうどぐらいだったと思います。校舎の正面にかけてある時計を見た記憶がありますから。

そのころ、学校には用務員さんがいて、校舎や校庭の整備や警備もしてくれていました。夜も用務員室にいるので、私は用務員さんに事情を説明して、校舎のなかに入れてもらいました。

用務員さんのいる部屋以外、学校のなかにはどこも明りがついていません。暗くて、人っ子ひとりいない校舎内に入るのにすごい抵抗がありました。

でも、このまま帰ったらまた母親に叱られると思い、意を決して入りました。

暗くて足もとがよく見えないのですが、何もない廊下ですから、つまずくものもないだ

ろうと急ぎ足で進み、階段をトントンとあがっていきました。一歩歩くたびに、自分の足音が廊下や階段に響きわたって、わけもなくからだが震えてきます。

やっとの思いで三階にある自分の教室に行き、連絡帳を机から見つけて回収。

さぁ帰ろうと思ったのですが、緊張しすぎたためか、トイレに行きたくなってしまいました。誰もいない学校のトイレなんて、きっと大人でもいやがると思うのですが、どうしても我慢できません。

泣きそうになりながら、トイレに行き、用を足して出ようと思ったとき、ふと後ろに気配を感じました。

そのとたん、身体が硬直したように動けなくなりました。しばらくすると、といっても十秒くらいのものだったと思うのですが、下から音が聞こえてくるんです。「ずり……ずり……」って。

そこで下を見たら、何か棒のようなものが動いています。かたまったまま、じっと見ると、それはやせ細った骨と皮だけの人の手だったのです。

その瞬間、後ろを振り向いたら、大便所の下のすき間からボロボロの服を着たお婆さんが出てくる途中でした。

お婆さんと目が合った瞬間、私は全力で駆けだしました。

扉を開けて廊下に出た瞬間、目の前にフワフワとしたものが飛んでいることに気づきました。それは、無数のヒトダマでした。

さらにパニック状態になり一刻も早く外に出たくて、一階まで降りずに二階の体育館への渡り廊下まで走りました。

そこで後ろを振り向くと、もうヒトダマはないし、お婆さんが来る気配もない……。ホッとしていると、今度は足もとから「ガン！」と音がしました。

と、同時に足首に冷たく強い圧迫感を覚えて、逃げようとしている足がくくりつけられたように、まったく動かなくなったのです。なんとか振り払おうと足をばたつかせながら、下を見ると、骸骨の腕が私の足首を持ってひっぱっていたのです。

そこで意識がなくなりました。

気づいたときには校庭に立っていて、右手にはしっかり連絡帳を持っていました。半ば放心状態で用務員さんにお礼をいいにいったあと、正門から出たところで時計が目に入りました。すると八時にもなっていません……。あれっ？　と思い、今度は校舎側の時計を見ようと振り返ると、こっちも八時になっていない……。

そして少し前に、お礼をいった用務員さんがいた部屋に目をやると、そこに明りはついていませんでした。

深泥《みぞろ》ケ池《がいけ》へ肝試しに行ったばかりに……

小杉昭弘　京都府　三十二歳

一九歳の夏、深夜の二時ごろ、私たちは京都の深泥ヶ池へ肝試しに行き、その後、どうしても納得のできない事故に遭いました。

まず私といっしょに肝試しに行き、おなじ車に乗っていた友人が一週間後に事故を起こしたのです。

肝試しに行った時刻とほぼおなじ午前二時、いつも徐行して通っている交差点に時速一二〇キロで突っこみ、左折しようとして、対向車線を越えて、自動車展示場のショールームのガラスに激突してしまったのです。

不幸中の幸いというべきか、軽傷ですみましたが、見舞いに行くと、

「オレ、なんか、取り憑かれていたみたいやった」

と、何度もいいます。

そのときはバイトの疲れがたまって、判断を誤ったのだろうというくらいにしか考えず、彼にもそういって励まして帰ったのですが……。

そのちょうど一週間後、私もおなじ場所で、まったくおなじようにスピードを出してし

まい、左折しきれず、危うくガラスに突っこむところでした。危機一髪で車線に復帰できたのですが、このとき車に乗っていたのは、ひとりを除いて、全員が肝試しに行った連中だったのです。

この時点で気がつくべきでした。

そのすぐあと、緩やかなカーブに時速一三〇キロで突っこんで、ついに車を横転させてしまいました。

なぜかわかりませんが、私はアクセルを踏みつづけていました。「ブレーキを踏まなければ」という気持ちはまったくなく、何かに吸い寄せられるかのように前方を見ていたのを覚えています。

……取り憑かれている……。

そうとしか考えられませんでした。

私は同乗者の友達といっしょに入院する羽目になってしまい、

「きっと、あのときの肝試しで何かが取り憑いたんや」

と、話し合いました。

その夜、隣のベッドの友達が何度も私を起こします。

「なんか、聞こえるやろ」

というのです。

「聞こえへんけど……」

実際、私には何も聞こえなかったので、そう答えるしかなかったのですが、あくる朝、友達は寝不足の腫れぼったい目をしたまま、

「おれ、深泥ヶ池で見たことで、みんなに話してないことがあるんやけど……」

と話しかけてきました。

「鬼のような顔をした女の子が遠くから睨んでいるみたいで、気持ち悪かったんや。でも、雰囲気がそう思わせてるだけやと思て、忘れようとしてた。それが、昨日は何度も夢のなかに出てきて、ふと目が覚めたら、水がポチャポチャ落ちる音が聞こえてきたんや」

私は深泥ヶ池で「鬼のような子供」も見ていないし、「水の落ちる音」も聞いていません。ですから、半信半疑だったのですが……。

それから数日後、例のガラスに突っこんだ友達が退院して、見舞いに来てくれました。

すると、彼は、こんなことをいったのです。

「オレ、池の淵で水がポチャポチャ落ちる音を聞いた。あの辺は流れこむ川や溝はないのに変やと思たんや、それに奥のほうに人影が見えたけど、民家やと思って気にしなかった。そやけど、退院して前を通ってみたら、民家なんかなかった。人が立っていたとは思えん

場所やった」

あんなことになってしまった理由はまったくわかりませんでしたが、退院した後、メンバー全員で御祓《おはら》いに行きました。

鏡のなかから誰かが睨む「後ろ鏡」の恐怖

小出友広　石川県　二十一歳

これは僕の父が大学生だったころの話で、父から直接聞いたものです。

父の通っていた大学は全寮制で、いろいろ怖い話といったものが存在していたそうです。なかでもいちばん怖いのが「後ろ鏡」というやつです。

「後ろ鏡」という変な名前のついたその鏡は、寮のトイレにあります。

トイレの洗面所の鏡というのは普通、洗面台の上、つまり手を洗っているときには正面に見える位置にかけられているものです。

ところが、どういうわけか、その寮のトイレの鏡は洗面台の後ろ側にあったんです。

そんな奇妙なところにかけられているので、手を洗うときは鏡に背を向けることになります。それで「後ろ鏡」と呼ばれるようになったそうです。

ある夏の日の夜、夜中にトイレに行きたくなった父は、「後ろ鏡」のあるトイレにひとりで入りました。電球の明かりのトイレは、赤っぽい光で壁を照らし、入ってくる人の影をことさら大きく映し出しています。

父が用を足して手を洗っていると、何かが背後で動いたような気配がありました。廊下から足音が聞こえたわけでも、トイレのドアが開いたわけでもないので、誰かがやってきたのではなさそうです。しかし、たしかに何かが動きました。

すぐに振り向くことを躊躇していた父は、後ろから誰かにじっと見られているような鋭い視線を感じたそうです。

そっと振り返ってみると……そこにはただ鏡があって、鏡のなかの自分がこちらを見ているだけです。

「なんだ、気のせいか……」

独り言をいって、洗面台のほうに向き直ると、ふたたび背後から自分をジーッと見ている冷たく鋭い視線を感じます。

また振り返ってみるのですが、やはりただ自分がこちらを見ているだけです。

手を洗い終わると、気にしすぎたのだろうと思いながらトイレを出ました。

そして暗い廊下を歩いているとき、気づいたのです。

「自分はたしかに鏡のなかから誰かに見られていた」ということに。

おなじような体験をした人は何人もいたようなのです。

この「後ろ鏡」、どういうわけか手を洗っているあいだはあまり気にならないのですが、トイレを出た瞬間に誰かに見られていたことがはっきりわかるというのです。

父は「いまでも思い出すと怖い」といっています。

深夜の大学の研究室で「おまえも見たのか」

原田雅彦　東京都　二十五歳

私自身霊感は弱いというか、ないようなので、これだ！　というようなはっきりとした霊体験はありません。

ただ、上京して知り合った友人のなかに、いろいろな体験をしている人物がいました。

その人物、吉野君から話をたくさん聞いていますが、聞くだけでも怖かったもののひとつに、つぎのような話があります。

吉野君は実家が九州の神社ということなので、もともとそういう現象には普通の人より敏感だったのかもしれません。

吉野君が熊本の某大学に在籍していたときの話です。

理系の吉野君は、その日、学内の研究棟で泊まりこみで実験をしていたそうです。その棟は三階建てで、彼がいたのは二階。上の階に友人がひとり残っていたほかには誰もいませんでした。

理系の人たちは実験のためよく泊まりこみをするので、いつもなら数人の学生がいるのですが、どういうわけか、その日にかぎって吉野君は二階にただひとりになってしまいました。

いつもはにぎやかな声の響く構内だけに、夜も更けてくると、その静けさは不気味なほどです。

神経を使う細かい作業を延々と繰り返し、目も疲れてきたので、彼はひと休みすることにしました。といっても、研究室の隅に置いてあるソファに坐るか、ちょっと横になるかといった程度なのですが。

ソファに坐って、大きく伸びをしたときです。

「ペタペタ……ペタペタ……」

廊下のほうから足音が聞こえてきました。

吉野君は一瞬、上の階にいる友人が降りてきたのかと思いました。しかし、それにしては、小さな足音でした。軽くて、まるで子供のような足音……。大学の構内に、しかもこんな時間に子供がいるはずありません。

「疲れてるよなあ」

独り言をいって首をぐるぐるまわしていると、また背後で何かの物音がしました。

吉野君が確認しようと思って振り返ったときでした。……いたそうです。

着物を着て、おかっぱ頭をした幼い女の子が……。

女の子と目が合いました。そのとたん、女の子は「ニ〜ッ」と笑って、両手を伸ばしてきたそうです。

「あそぼ……」

そう聞こえました。

たっぷり十秒ほど固まった彼は、弾かれたようにその部屋から飛び出して、三階の友人のところに駆けこんだのです。

息も絶え絶えに、自分の見たものを友人に告げると、友人はいいました。

「おまえも見たのか……」

友人の話では、この大学は古戦場の跡地に建てられたらしく、そういったものを見たという話がたくさんあるそうです。

廊下を鎧武者が歩いているのを見たとか、増築しようと敷地内を掘り返したら、しゃれこうべがゴロゴロと出てきたなんてこともあったようです。

ペンション二階の窓の外に立つ黒い人影

渥美君子　千葉県　二十八歳

いまから五年くらい前に、友人と私は伊豆のペンションへ出かけました。ふたりとも一度行ってみたいと思っていましたので、計画は順調に進みました。

時期はゴールデンウィークあとの平日をねらって、二泊三日の旅行です。

一日めは伊豆高原。二日めはふたりとも期待していた下田のペンションです。一日めは何事も起こらず、自然のなかで遊び、つぎの日に向かったペンションは期待どおりの外観で、黄色い壁がきれいでした。

夕食になってペンション内の食堂に行ったとき、宿泊客は私たちともう一組しかいないことを知りましたが、気兼ねすることもなく、ラッキーと思ったくらいでした。

夕食後、自分たちの部屋に戻りましたが、海辺のいかにも女の人が好みそうな内装の部屋で、ゆったりくつろいでいました。

「お風呂に入ってから、また話そうか」

という友達の提案で、私が先にお風呂を使うことにして、ユニットバスにお湯をはりました。一日の楽しかったことなどを思い出しながら、のんびりお湯に浸かっていると、突然、「グラグラ」と下から突き上げるような揺れが起こったのです。

「地震だ!!」

私はすぐにバスタオルを巻いて、お風呂から飛び出したのですが、友達はのんびりとテレビを見ています。

「地震よ!!」

私は大きな声でそういいましたが、友達は何のことだかわからないような顔をして、

「何？　ぜんぜん揺れてないじゃない」

といいます。

そんなバカな、あんな激しい揺れを感じないなんてありえない、と思ったのですが、友達にいわれて、スタンドの紐を見ると、まったく揺れていませんでした。

「疲れてる？　めまいでもしたんじゃない？」

友達はそういいましたが、絶対にそんなことはありません。たしかに下から突き上げるような揺れを感じたのです。それを友達がまったく感じていないなんて信じられませんでした。

ただ、そのときはもう揺れを感じることもなかったので、私は不思議に思いながらも、それ以上、追及はしませんでした。

友達もお風呂に入り、途中になっていた話をふたたび始めたときです。

「……おーい……おーい」

窓の外から、風に乗って人が呼んでいるような声が聞こえます。

私はカーテンを開けてみました。窓の外は真っ暗な林が広がっているだけで、人の気配はまったくしませんでした。

「たしかに……人の声したよね……」

私がいうと、友達は無言で頷きました。

「でも、誰も……」

いないといいかけて、私は心臓を鷲づかみにされたような衝撃を覚えました。たったいま、外を見るために開いたカーテンの向こうに、何かが動いたのです。それが人影だとわかるまでに、数秒もかかりませんでした。

「ひっ！……」

私は友達を手招きし、窓を指さしました。

訝《いぶか》しそうに立ち上がった友達は、やはり私とおなじようにかたまったまま、動けなくなりました。

窓の外にたしかに誰かが立っています。

泥棒か、痴漢……。

そんなはずはありません。私たちの部屋は二階にあるのですから。

私は夢中でカーテンを閉めました。

すると、同時に外で交通事故でもあったかというような「ガシャーン！」という大きな音が響いてきました。さっきいったように、部屋の外は林が広がっていて、車が通るような道などないはずなのに。

私たちはふたりでひとつのベッドに入り、じっとようすを窺っていたのですが、外はしんと静まり返っているだけで、なんの気配もしません。眠れそうにもありませんでしたが、私たちはとにかく眠ってしまうことにしました、ほかに、どうしていいかわからなかったのです。

しかし、しばらくすると、氷のような冷たい風が窓のほうから流れてきました。

「あ、あれ……」

友達が指さすほうを見ると、壁に上半身の形をしたものがゆっくりと上下しています。青と緑を混ぜたような透き通ったきれいな色をしていました。

「何？　この部屋……。もういやだ」

ふたりとも、泣きだしそうでした。

結局、一睡もできず、ふたりピッタリ寄り添って、ただ夜が明けてくれることだけを祈っていました。

そのあいだにも、誰も泊まっていないはずの隣の部屋からスリッパを履いた人たちが走りまわり、ドアを思いっきり開け閉めしている音が断続的につづき、生きた心地のしない時間をすごしたのです。

翌日、ペンションのオーナーの顔を見て、やっと落ち着きを取り戻すことができました。

下田の駅まではオーナーが車で送ってくれましたが、海岸を走っているときに「この海でよくサーファーが死んで、このあいだもあったんだよね」といった言葉を忘れることができません。

夏の夜の怪音と、ふたつの奇妙な石

藤井宗一　京都府　五十二歳

ある夏の夜のことです。私は部屋でテレビを見ていました。

夜の十一時ごろ、CMとCMの合間の一瞬、テレビの音声が途切れたとき、「バラーン！」という大きな物音が表でしました。何か堅いものが上から落ちてきたような音でした。

かなり大きな音だったので驚きましたが、きっと庭先か近所の家で何か倒れたんだと思い、それほど気にもしませんでした。

しかし、その後、番組の合間にまたおなじ音が聞こえてきました。しかも先ほどよりも、もっとはっきりと聞こえたので、今度は窓を開けて外のようすを見てみることにしました。

庭にはとくに変わったことはないようです。念のため、隣の家の庭も覗きこみました。音の聞こえたほうの家はもう明かりが消え、みんな休んでいるようです。まさかとは思いましたが、泥棒でも潜んでいるとたいへんなので「誰かいるのか！」と声を出しましたが、人がいるような気配はまったくありません。

窓越しに懐中電灯であたりを照らしてもみましたが、外灯もない表のようすは小さな光ではわかりません。その夜はとりあえず戸締まりをしっかりして休み、翌朝、もう一度調べてみることにしました。

つぎの日、音がしたほうの生け垣のあたりを覗きこんでみると、ふだん見かけない、てのひらぐらいの石が二個落ちていました。どちらも黒くて艶《つや》があり、手に取ってみると、ずしりと重量感がありました。てのひらに吸いついてくるような不思議な感触もあります。

ふたつの石は、形や大きさが違うのにどちらもおなじくらいの重さでした。普通の石ではないと直感した私は、しばらくじっと観察していましたが、なんとなく不気味な気がして、そのまま生け垣の脇を流れる溝に投げ捨ててしまいました。

その日の夜のことです。

横になりながらぼんやりテレビを見ていると、

「ウウウ……ウウ……」

という声が窓の外から聞こえてきました。

はじめは、犬が何かを威嚇《いかく》しているのかと思ったのですが、よく聞いてみると、人が苦しんでいるような声に聞こえます。泣き声とも呻き声ともつかない声は、前夜に何かが落ちる音がした方角から聞こえてきました。

テレビをつけていたのに音声が途切れて声が聞こえ、また音声が復活したかと思うとふたたび途切れて呻き声が聞こえます。

さすがに気味が悪くなって、布団をかぶって寝てしまいましたが、翌日になって前日に石を溝に捨てたことが、なぜか気になってきました。

溝のところに行ってみると、ふたつとも溝のなかにまだ残っています。私はそれを拾い上げ、溝の脇に置き直してみました。

そのとき誰かの声が背後から聞こえてきました。

「ありがとう……」

たしかにそういったと思います。しかも、ふたり同時にしゃべった、つまりハモった声でした。

驚いて振り向くと、ほんの一瞬ですが白いぼやっとしたものが見え、そして、すぐに消えました。

きっとこの石が何か関係しているにちがいないと思い、そのふたつの石を近くの神社に持っていき、理由を話して宮司《ぐうじ》さんに預けました。

以来、異常な現象は身のまわりに起こっていませんが、たまに「ありがとう」という声が聞こえます。

それもかならずその神社の近くを通ったときに。気のせいではなく……。

不気味な絵が落書きされたタンス

長谷川直俊　埼玉県　十七歳

これは私の前の家庭教師から聞いた話です。

その家庭教師の友人が結婚することになり、安くていいものを探そうと、リサイクルショップに家具を買いにいったそうです。

ふたりが行ったリサイクルショップはそんなに大きな店ではありませんでしたが、いい品物をたくさんそろえていて、しかも良心的な価格設定がされていました。

ひとつひとつ家具を見てまわっていると、可愛くて新品同様の大きなタンスを見つけました。新居にピッタリな感じがしたし、なんとなく妙にひきつけられるものがあったので、店員に値段をたずねました。

すると、なんと一万円を切っていたのです。いくらリサイクルショップとはいえ、品物の質や新しさを考えると破格の値段です。

「なんでこんないいタンスが売れなかったの?」

疑問に思って、彼は店員に尋ねました。

すると、店員は少し口ごもったように、

「裏に落書きがあるんですよね……」

といいます。

「へえ、その落書き、見せてもらえますか？」

そう頼むと、店員がタンスの裏を見せてくれました。

なんと、そこには紫色のクレヨンで描かれた、泣いているのか笑っているのか叫んでいるのかわからない女の人の絵がありました。その女の人には足がありませんでした。その絵は三〇センチ四方くらいの大きさですが、なんだか正気の人が描いた絵とは思えない、かなりキモくてリアルな絵だったそうです。

「この落書きのために、みんな買わないんです。いいタンスなんですけどね……」

店員はそういいました。

しかし、ふたりは気にせずそのタンスを買うことにしたそうです。

まもなく結婚したふたりは、新居も新婚らしくきれいに整え、楽しい毎日を送っていました。もちろんあのタンスも納まっています。

すべてが順調に運んでいるかのように思われたのですが、新しい生活を始めた三週間後にそれは起きました。

ある朝、妻が起きようとしたら立てなくなっていたのです。

何人もの医者に診てもらったのですが、どこへ行っても原因はわからずじまいでした。

これといった治療法も見つからないまま、半年がすぎたころ、友人はふと気づきました。

こんなわけのわからないことが起こったのは、タンスを買ってからだということと、タンスの落書きには足がなかったことに……。

そして彼はその落書きに足を描いてみると……、つぎの日からなんと奥さんの足がよくなってきたのです。

そして一週間もすると、元どおりになりました。

実際にその絵を見ると、だいたいの人が怖くて夜、寝つけなくなるそうです。

その後、そのタンスは売り払われ、いまでは市内の別のリサイクルショップに置いてあるらしいです。

第五章　冥界から人をたぶらかす妖しの霊たち

古い独身寮を音もなく移動する「人間ではない男」

栗原正哉　山梨県　三十六歳

六年ほど前、私がT県のあるメーカーの工場に勤務していたころの体験です。

工場のある町はたいへんな田舎で、よくいえば自然に恵まれているのですが、仕事が終わっても遊びに行くようなところもないくらいで、せいぜい独身寮の仲間と飲むくらいが息抜きでした。

私の住んでいた独身寮は会社のすぐ近くで、数年前に建て替えられたばかりで新しく、住み心地のいいものでした。

そのすぐ隣に、古い四階建ての旧独身寮の建物がまだ残っていたのですが、もう長いあいだ人が住んでいないので、こちらは荒れ放題。防火のため、施錠されて立入禁止となっていました。

古い封鎖された寮は各階ともおなじ造りで、道路に面した側に約四〇メートルの廊下があり、端から端までガラス窓になっています。

窓からは、四畳半一間の部屋のドアがずらりと並んでいるのが見えます。

冬の夕暮れどき、用事があって寮の自分の部屋に戻ったときのことです。

用事をすませ、会社へ戻ろうと外に出て、ふと何気なく古い寮のほうを見上げると、もう日の暮れかかった藍色の空に寮のシルエットがくっきりと浮かび上がっています。

そのとき、四階のいちばん奥の薄暗い窓で、何かが動いたようでした。なんだろうと、足を止め、窓を見てみると、火災報知機の赤ランプに照らされた人影のようなものがあります。さらに、目を凝らしてみると、短い髪の若い男が、うつむいて窓から外をじっと見下ろしていました。

ふだんは鍵がかかっていて入ることのできない建物でしたので、いったい誰が入ってるんだろう？　管理人に怒られるぞ、と思ったとたん、若い男の姿がすごい速さで真横にスーッと動きました。

男はそのまま、四〇メートルの長い廊下をスーッと移動して、いちばん手前の窓を過ぎて見えなくなりました。

私は呆然と、その光景を見ていました。何が起こったのか、まったくわかりません。目の錯覚としか思えませんでした。

ところが、つぎの瞬間、その男は三階のいちばん奥の窓にいました。

男はまた、正面を向いたまま真横にスーッと動きました。見えるのは腰から上だけでしたが、走っているわけではなく、じっと立った体勢のまま、滑るように真横に移動しているのです。まるで、ムーンウォークのようですが、まったく上下動のない、その動きは不気味さを通り越して不思議な映像を見ているようでした。

男はふたたび、窓のいちばん手前まで来て見えなくなりました。

そして、つぎに二階のいちばん奥の窓に現われ、正面を向いたまま、私のいる建物の手前のほうへスーッと動いてきます。

このときになって、初めて激しい恐怖を覚えました。

何ものなのか、まったくわかりません。わかっていることは、少なくとも、私とおなじ人間ではないということ……。

それが何をしようとしているかなどということは、想像もつきませんが、徐々に移動してきていることだけはたしかです。

やがて、二階のいちばん手前の窓に消えた男が、一階のいちばん奥の窓に現われ、また動きだしました。長い廊下を……スーッと……。

一階のいちばん手前には施錠された非常口があります。

しかし、とっさに非常口の鍵などなんの役にも立たないのではないかという考えが、頭のなかで弾けました。

〈こっちに来る〉

ゾ〜ッとした私は、建物に背を向けて夢中で逃げだしました。

足に力が入りません。膝がガクガクと音をたて、まるでぜんまい仕掛けの人形になってしまったかのようでした。それでも、私は無我夢中で走り、会社のなかに飛びこみました。

荒い息のまま、私は同僚や上司に見たものを話しました。

初めは皆、半信半疑でポカンとした表情のまま、私の話を聞いていたのですが、私の取り乱すさまに驚いた同僚が、寮のようすを見に行ってくれました。

すると、男の姿はなく、ただ施錠されていたはずの非常口のドアが開いていたそうです……。

石北峠の闇に浮かびあがる異様な人の群

辛島友一　北海道　五十二歳

私は以前、北海道でトラックドライバーをしていたことがありましたが、深夜ひとりで走ることも多く、いろいろな体験をしています。

在職中は、そんな話をすることは暗黙のうちにタブーとなっていたので、人に話すこともなかったのですが、転職をしたので、そのなかのひとつをお話ししようと思います。

ある年の六月、仕事で北見に向かったときのことでした。

旭川と北見を結ぶ石北峠にさしかかったのは、深夜一時をまわったころでした。

いつもは深夜トラックなどで多少交通量があるのですが、その日にかぎって、なぜか車の数が極端に少なく、気がつくと先行車も後続車も一台もいないという状況でした。そのうえ、層雲峡《そううんきょう》の手前あたりからカーラジオの入りが悪くなり、雑音ばかりが聞こえてくるので、私はスイッチを切って無音で走っていました。

何度も走って慣れている道なのですが、その夜はなぜか落ちつきません。まわりの闇が気になるし、わけもなくいやな気分になってきたので、無線で仲間を探してみました。緊張感のつづく運転中には無線で話すだけで、リラックスできることがよくあるのです。

ところが、そのときは無線を入れても誰も出てきませんでした。

峠をなかほどまで上ったときです。前方からヘッドライトの灯が見えてきました。それはみるみる近づいてきます。

北海道のドライバーはけっこう飛ばす人が多いので、ずいぶん出してるなとは思いましたが、あまり気にもしませんでした。そのトラックはまさに風のようにすれ違って後方に消えていきました。

五、六分後、また一台のトラックがものすごい勢いで走ってきました。まるで、何かから逃げているみたいに……。

しかも、何度も何度もパッシングを繰り返します。

〈事故でも起こったか？　それとも、取り締まりをしてるのか？〉

そう思って、しばらく徐行していきましたが、何も変わったことはありません。暗い道がずっとつづいているだけです。

やがて、峠の頂上にさしかかったとき、試しに無線を入れてみると、やっと知り合いのドライバーから応答がありました。逆方向から峠に向かっているということです。

何分間か、他愛のない会話を交わしていました。

と、突然、話が途切れました。電波の状態が悪くなったのかと思い、何度か呼びかけると、

「……人がいる」

かすれたような声が返ってきました。

人が……？　深夜の一時すぎに……？　こんな峠に……？

何か動物を人と見間違えたのではないかと思い、念を押しましたが、

「鹿なんかじゃない。人だ」

と、やはり心細そうな声を出していました。

そのあと数分して、交信をしていたドライバーの運転するトラックとすれ違いました。すれ違いざま、一瞬、彼の顔を見ましたが、前方を睨むように見つめている目は強張《こわば》っていて、私のほうに視線を向けることはありませんでした。

峠を越えてしまうと、ふたたび無線はつながらなくなり、また孤独な旅となりました。石北峠を下り、道路は直線となり、ますます闇のなかにポツンとひとりだけが走っているという感覚が強くなったとき、トラックのハイビームの先で何かが動きました。

たしかに何かが、こちらに向かってきます。それもひとつではありません。

鹿か……？

と思って、徐行しようとしたとき、さっきの無線で聞いた話を思い出しました。

人……？　人です。

たしかに人が歩いてくるのです。しかも、何人も何人も整列し隊列を組んでこちらに向かってきていました。

あまりに非現実的で、自衛隊の演習だと思いたかったのですが、ヘッドライトに照らされた人の群は自衛隊員などではないことは一目でわかりました。迷彩服は着ていません。

何かで見た刑務所などの連行現場のようでした。監督官のような人物が肩からライフル状のものを下げているのが強く印象に残りました。

石北で見たのは、それが最初で最後ですが、あれはいったい何だったのか、いまでもわかりません。

「夜泣き石」を濡らす水は「あの女性」の涙か……

小林信吾　埼玉県　三十歳

私は千葉県市川市の出身です。

実家のある町では昔、戦国時代初期に国府台《こうのだい》合戦という大きな戦があり、そのためか怪談の類の多い場所です。

戦のときに、敵に追われた城のお姫様が親族を求めて逃げまどい、最後には石にもたれかかって死んだという話がいまでも残っています。

そして、いまわの際にもたれかかったという石から、夜になるとすすり泣く声が聞こえるということです。「夜泣き石」と呼ばれているのですが、それがいくつかあります。

そのひとつの話を書こうと思います。

私が中学三年生のときの十一月ごろだったと思います。

塾の帰り道、家までの近道をしようと思うと、あるお寺のなかを通らなければならないのですが、その石段のひとつが例の「夜泣き石」なのです。

私の通う塾は自転車通学が禁止されていて、毎日の往復は徒歩でした。学校の授業が終わってからですから、帰り道はもう薄暗く、慣れているとはいえ、お寺のなかの道はけっして気持ちのいいものではありませんでした。しかし、近道はそこしかなかったので、いつもどおり石段を上がっていきました。

石段の両側は木が鬱蒼と茂る林です。石段は狭いながらも、人が歩きやすいように手入れされていましたが、林のなかは日暮れともなると、ほとんど何も見えない茂みです。

林のなかに湧き水か地下水の通り道でもあるのか、石段の途中にいつも濡れている場所が一ヵ所だけあります。そのことを忘れて歩いていると、いきなり「ピチャ」と水音がしたり、危うく滑りそうになったりすることもありました。

私は、どうもその水音が苦手で、さっさと通りすぎてしまおうと足を速めたときです。

目の前の石段を左から右にスッと白い影が通りすぎました。

こんな時間に林のなかから出てくる奴なんて絶対にいません。まして反対の林に入っていく奴なんて……。

私はなんだか怖くなり、急いで駆けおりて別の道を帰りました。

その夜のことです。私は初めて金縛りというものにあいました。

ふだんどおりに午前三時すぎまで勉強をして布団にもぐりこみ、眠りについたのですが、ふと笑い声が聞こえたような気がして目を覚ましました。

すると、どうしたことかからだが動きません。

何が起こったのかわからず、もがこうとすればするほど、からだが石のように感じられ、指一本動かすことができないのです。冷たい汗が額から流れていきます。

そして、耳元では大勢の人の笑いさざめく声だけが、ひたすら聞こえてくるのです。

その声が怖くて目も開けられず、じっとしていると、やがて静かになりました。

ほっとして目を開けると、目の前に白っぽいものが見えました。豆電球の光の下で目を凝らしてみると、それは布のようでした。布は長く垂れ下がった感じで、微かに揺れています。

暗闇に目が馴れるまでに、そんなに時間はかからず、布の正体はすぐにわかりました。着物の裾、なのです。

見上げると顔はよくわからないのですが、女性が立っていました。

声をあげようとしたのですが、喉が詰まってしまったようで、呻き声も出ませんでした。

そして、見上げたときはわずかに動いたからだがまた動きません。

夢であってほしいと思い、かたく目を閉じたのですが、もう一度、目を開けてもまだその女性がいます。

ずいぶんたってから女性は「どこ……」と一言つぶやいて消えました。なんだか泣いていたようだということだけ記憶にあります。

私が見たそれは何ものなのか。それはまったくわかりません。

でも、白い影を見た石段はいつも濡れている、あの石段でした。

もしかすると、あの石段を濡らす水は、私が見た女性が流す涙だと考えると、妙にリアルで、あらためて背筋が寒くなります。

この世とあの世のヤバイものが同居する町

大石宏久　山口県　三十一歳

いまから七年前、広島で一人暮らしをしていたときに起きた話です。

僕が住んでいたアパート近くは治安のあまりよくないところでした。そのうえ、近所にあるラブホテルが建ち並ぶあたりは、「幽霊が出る」と噂の場所で、この世とあの世のヤバイものが同居しているような町だったのです。

でも、そんな場所にさえ行かなければ、とくに危険な目に遭うこともないと思い、引っ越すことなどは考えていませんでした。呑気というのか、楽天的というのか、僕はふだん、あまりアパートの戸締まりをしません。

ある日、いつものように部屋の鍵もせず、そのまま眠っていたときです。

夢のなかで僕は暗闇の階段を昇っていました。

階段の途中まで昇っていたときです。上から、

「トントン……トントン……」

と、音が聞こえてきます。

誰かが階段を降りてきているのですが、階段の上のほうは薄暗くて、誰なのか、はっきり見えません。

僕が、そのとき昇っていた階段の幅は狭くて、ひとりでも左右に余裕などありません。

それでも、階段を昇っていくと、上からの足音も止まらずに、「トントン……トントン……」と、どんどん近づいてきました。

狭い階段で、すれ違うことはできません。それなのに、相手も譲ろうとしないため、僕は払い除けようとして左手を出しました。

すると暗闇のなかで、相手は僕の手をぎゅっと強くつかんだのです。

冷たい手でした。指先から全身にその冷たさが駆け巡るような、氷のような手……。

それと同時に目が覚めました。

……目が覚めても暗い僕の部屋で、誰かが左手をしっかり握りしめています。僕は完全に目を覚まし、ことの状況を把握しようとしました。

気が動転して、僕の左手を握りしめているものの正体を見極めようとしたときです。

突然、誰かが上に乗ってきました。

それは、あまりにもリアルな感触だったので、最初は鍵を開けたままなので強盗に入られたのだと思いました。

でも、僕のからだがまったく動かず金縛りになっていることに気づき、相手は人間じゃないとわかりました。

「フフフ……」

混乱した僕の姿を見て、笑っているような声が聞こえます。

声はふたりで笑っているように聞こえました。僕は思わずカッとして、笑いの主に対して怒りの気持ちをぶつけたのです。

すると、一瞬にして誰もいなくなり、真っ暗に見えた部屋も、薄明かりのさす、いつもの部屋に戻っていました。

それからは一度も見ることはなかったのですが、知り合いの霊感の強い人が僕の部屋に遊びにきたときのことです。

その話をすると、知人はこういいました。

「まだ何人かここにいるよ。でも君を傷つけるつもりはないみたい」

いまのは誰？　どこから入って、どこへ消えた？

太田聡司　埼玉県　三十六歳

二年ほど前、東京都三鷹市のある運送会社で働いていたときの話です。

私は夜間勤務でした。その日は祝日で、私を含めて五人だけが出勤していました。

思いのほかトラックの到着が早く、荷卸しも順調で、最後の一台が終了すると、あとは伝票整理やまわりの片づけという仕事だけになりました。

五人のうちのひとりが伝票を持って事務所に入り、残りの四人で片づけにかかりました。

そのときです。

私の視界に白いシャツを着た人が現われて、封筒などの荷物を扱う小物室の奥に入っていきました。後ろ姿しか見えなかったのですが、そのときは、〈誰だろう？　気が利くな〉というくらいにしか考えていませんでした。

しばらくして片づけを終えた私は、奇妙なことに気づきました。

私の前にふたり、後ろのほうにひとり、伝票を分け終えて事務所から出てきたもうひとり、そして、私……。

「あれ、梅ちゃん、小物室に入った？」

いちばん近くにいた梅田さんに聞いてみましたが、「ううん」と首を振って怪訝な顔をしています。梅ちゃんの前にいた浅田さんにも聞いてみましたが、返事はおなじでした。後ろにいる竹中さんはたったいま片づけが終わったところだし、広田さんは事務所から出てきたばかり……。

私は慌てて小物室を覗きにいきましたが……誰もいません。

〈じゃあ、いまのは誰？　どこから入ってきたのか？　そしてどこへ行ったのか？〉

すごく長く感じられた時間でしたが、この間、一、二分の出来事です。

それだけではなく、どうしてもしっくりとこない、なんともいえないいやな感じがするので、じっと考えこみました。

そして、気がついたのです。

私たちは五人とも、作業用のウグイス色のジャンパーを着ています。

でも、私はたしかに見たのです。白いシャツを着た男の人の後ろ姿を……。

それまでに、同僚たちから、いろいろな怖い話を聞いてはいましたが、自分で目にしたのは、初めてのことでした。

怖い話がなぜたくさんあるのかというと、その運送会社の敷地がもともとは墓地だったということが原因なのだと思います。

会社の建物を建てるとき、お墓を移動させなければなりませんでしたが、実際に移動したのは墓石だけで、なかの遺骨は大半がそのままだということでした。

やはり、そのせいでしょうか。会社のすぐ前にある横断歩道では、頻繁に事故が起こっているのです。

その運送会社を辞めるまでの二年間、ふたたび「彼」を見ることはありませんでした。

真夏に黒いコート、シルクハットで歩く怪人

名倉隆江　東京都　二十六歳

北海道の紋別郡に私の田舎があります。

自然がいっぱいあるなかでのびのびと育った私は、怖いもの知らずで、好奇心の旺盛な子供でした。

ですから、小学三年生の夏休み、従兄弟から「家から近くの神社まで肝試ししよう」と誘われたときも、怖いという気持ちより、むしろワクワクするほどでした。

家を出たのは夜の八時です。

ふたりが暗い道を歩いていると、向こうのほうに人影が見えました。それはシルクハットに黒いコートを着た男性で、こちらに向かって歩いてきます。田舎の人家も少ない農道に、まったく場違いな服装は強烈に目に焼きつきました。しかも、夏の暑い日に黒いコートを着ているなんて、不自然すぎます。

私たちは交わす言葉も途切れがちになって、じっと前方を見たのですが、なぜか暗い夜道に白い霧がかかり、向こうからやってくる男性の姿がよく見えません。

ふたりはさらに歩いていったのですが……、おかしいのです。

いくら歩いてもその男性とすれ違わないのです。

家から神社までは、子供の足で歩いても五、六分の距離、おそらく四〇〇メートルくらいしかなかったと思うのですが、歩いても歩いても、男性とすれ違わないばかりか、間隔さえ縮まらないのです。

ふたりはだんだん気味が悪くなり「いっせーのせっ」で、くるりと反対を向き一目散に逃げ帰ったのでした。

家に着くと、血相を変えたふたりの親に「あんたたち、いままでどこに行ってたのっ！」といきなり叱られました。

「………？」

親たちがなぜそんなに怒っているのか、わかりません。私たちはちゃんと、

「そこの神社まで肝試しに……」

といって家を出たし、後ろで、

「いってらっしゃい。気をつけて」

という声もしていました。

「ちゃんと、いったよ、肝試しって……」

というと、親は怖い顔をして時計を指したんです。

「いま何時だと思ってるの！」

驚いたことに、時計の針は一一時をまわっていたのです。

家を出てから神社まで、歩いて五、六分のはずなのに……。

黒いコートの男性を見た私。

あれから八年が経って、私は高校生になりました。

都内の渋谷区にある高校でした。

私は、あまり活動が盛んじゃないのが楽だという消極的な理由で写真部に入ったのですが、それでもはじめてみるとおもしろくて、けっこう楽しんでいました。

当時、この写真部には「白黒フィルムで撮る」という原則がありました。

白黒フィルムにはカラーでは出ないおもしろさや、深みのようなものがあり、とくに人物が好きだった私は、その日も高校の庭で友達を撮っていました。

それは暑い夏の午後でした。

数日後、できあがった写真を見て私は愕然となったのでした。

庭で撮った友達の後ろには校舎の窓が写っており、そこには紛れもなくあの「八年前に見た黒いシルクハットとコートを着た男」が立っていたのです。

写真を撮ったのは、放課後。

すべての教室には鍵がかかっていたし、私が通っていたのは女子校だった……。

なぜ八年も経ってから、また夏に現われたのでしょう?

あれから一〇年、以来、私はその男性の姿を見ていませんが、これから先も現われないという保証はないのです。

どう考えても「妖怪」としか思えない生き物

細井友紀子　福島県　四十一歳

私は子供のころに「妖怪」を見ました。

まだ小さかったので、それを見たときには、「妖怪」などと考えつきもしなかったのですが、大きくなるまで目に焼きついて消えないあの姿は、いまあらためて考えても、やはり「妖怪」だと思うのです。

正月を前にした年末の話です。

年末だったと覚えているのは、その日、正月用の餅を入れる薄い木の箱が積まれていた記憶があるからです。

子供のころ、私は七人家族でしたが、家は貧しく、八畳一間で生活をしていました。その狭い家のなかに、私と母だけがいました。

母は年末の掃除などに追われ、疲れていたのでしょうか、居眠りをしていました。私はその横で、おもちゃを使って遊んでいたのですが、ちょうど正面にあるお餅の箱と壁の隙間で何かが動いているのを見つけました。

初めはネズミか何かがいるのかと思って、何気なく見ていました。

私は、いまは自他ともに認めるハムスター愛好家なのですが、子供のころからそういった小動物は好きでしたから、ネズミが出たからといっていやがったり、騒いだりすることはいっさいありませんでした。

動いている何かは、よく見ると、ネズミではありません。

それは魚のような姿をしていました。でも、色は魚のような銀色ではなく、どちらかというと、肌色をしていたように思います。

魚を正面から見たようなまん丸い目の、口の尖った生き物がもぞもぞと動き、こちらを向き、その目と目が合ってしまいました。すると、「キュキュ」「チュチュ」と音をたてながら、私のほうに迫ってきます。

ネズミなら怖くはありませんが、人一倍怖がりだった私は、すぐに眠っている母のところに飛んでいき、揺り起こすと、「へんなものがいる」と一生懸命説明しました。母は「ネズミだよ」といいながら、箱と壁のあいだも見てくれたのですが、そのへんな生き物を見つけだすことはできませんでした。

その後、テレビの「ウルトラマン」の再放送で、私は自分が見たへんな生き物とそっくりなものを見ました。それは、子供が土管に書いた落書きが実体化して怪獣になるという話に出てくる「怪獣ガバドン」の初期段階の姿にそっくりだったのです。

あの日見たものがいったい何だったのか、正体はいまだにわかりませんが、後にも先にも実際に目の前で見たのは一度だけです。

もうひとつ、不気味な話があります。

小学生のころ、雨上がりの朝、家を出た私は、そこに白く丸いものが転がっていることに気がつき、近寄ってみました。大きさはビリヤードの玉くらいで、真ん中に黒い部分がついています。

〈なんだろう?〉

私は玄関脇にあった傘を持ってきて、白く丸いものをつついてみました。

傘の先からブヨブヨとした感触が手に伝わってきます。そのとたん、わかりました。

〈……目玉〉

あまりの気持ち悪さに、家に駆けこみ、親にそのことを伝えたまま、あとも見ずに学校に走ったので、そのあとそれがどうなったのかわかりません。

誰かが、嫌がらせかいたずらで玄関の前に置いたとしか思えないのですが、いま考えてみても恐ろしいのは、目玉をどうやって手に入れたのか、ということです。

それを思うと、いまでも不気味で身震いがします。

掛軸から抜け出て這いずりまわる生首

宮崎祥子　静岡県　十八歳

私は、直接何かを見たとか、危害を加えられたといったことではないのですが、いま、思い出しても、不思議で背筋の寒くなるような体験をしています。

あれは去年、京都へ修学旅行に行ったときのことでした。

春の京都は観光客でにぎわっていて、想像していたよりも人が多いという印象でしたが、手入れの行き届いたお寺の庭などを見ていると、さすがに心が静まるような、なんともいえない風情がありました。

　バスのなかや旅館ではおしゃべりばかりしていた私たちも、お寺では無口だったように思います。

　そんな旅行の最終日は、修学旅行にしては由緒ある旅館に泊まることになっていました。添乗員さんにも「普通、修学旅行では使わないようないい宿」と説明され、旅行のなかでも楽しみにしていたひとつです。

　ところが、宿に着く直前、バスのなかではしゃいでいた私たちに添乗員さんが、その旅館にまつわる怖い話をしてくれました。

「旅館のどこかの部屋に……それは秘密にされていて誰も知らないのですが、どこかの部屋に落武者の生首が描かれた掛軸があります。カッ！　と見開いた目、ざんばらに落ちた髪……。それを一度見たら、二度と忘れることのできないような形相をしているといいます。

　夜になったら、気をつけてください。掛軸からその生首が出て、館内を這いずりまわるのです。

　ズリッ、ズリッ……、ズリッ、ズリッ……という音を聞いたら、けっして振り向かないで。生首かもしれませんから……」

添乗員さんの話し方は真に迫っていて、よくある怪談話だとは思ったのですが、私たちは「キャーキャー」叫び声をあげて耳を塞いだりしていました。

その夜、それぞれのグループで部屋に入っておしゃべりをしたり、トランプをしたりしていたのですが、誰かが、

「生首、出るかな……?」

とポツリといったので、その言葉を聞いた私たちは怖くなり、早くから寝てしまうことにしました。

その夜は何事もなく、ぐっすり眠ることができました。

しかし、変化が訪れたのはその翌朝でした。

すべての日程がその日に終了するので、私と数人の同室者で部屋の荷物を片づけていました。私はみんなに背を向けて、押し入れに向かって片づけていたのですが、そのとき後ろでガサガサと荷物を片づけるような音がしたのです。

「もう終わった? 私はもう少し」

まだ友達がいるのかと思い、そういったのですが、返事がありません。そのかわり、

「ズリッ、ズリッ……」

という音が微かに聞こえてきました。

不思議に思って振り返ると、そこには誰もいなかったのです……。

たしかに、荷物を片づける音と人の気配を感じたのに……。それから、あの音……。

怖くなって、荷物をつかむと一目散にみんなのところに走って行きました。

みんなにそのあとで聞いたところ、私が部屋に入ってからすぐに、みんなは荷物を持って出てしまっていたそうです。

……では、あの音は…? 落武者の生首だったのでしょうか…。

後日談ですが、その修学旅行の写真が現像されたものを見ました。すると、あの旅館で怖い話を語ってくれた添乗員さんと私のツーショット写真の上半分だけに真っ赤な光が写り、ふたりの頭から上が写っていませんでした……。

いまのところ私には異変はありませんが、その添乗員さんとは連絡をとっていません。

午後六時にかならず上から石が落ちてくる……

坪井智美　北海道　十四歳

これは去年、私と友達が体験した不思議な話です。

私は北海道のある中学校に通っていて、バレーボール部に所属しています。

ある冬の日のことです。その日は午後五時ごろに部活が終わり、私と友達、そして先輩たちとおしゃべりをしていました。そのうち、ひとり帰り、ふたり帰りして、気がつくと私と友達ふたり、先輩ひとりの四人になっていました。

もう六時になりそうです。

「そろそろ帰ろう」

私たちは連れ立って帰ることにしました。

私たちの学校は高台に建っていて、登下校するときには三百段近くもある長い階段を通らなければなりません。その階段は冬でも通れるように、トンネルのようになっていました。

「いま、何時？」

トンネルのなかに入ったとき、前にいた先輩が聞きました。

「ちょうど六時です」

私が答えると、先輩はこちらに振り返ると、少し声を潜めるようにして、いいました。

「知ってる？　この階段、六時ごろに通ると、上から石が転がってくるんだって」

先輩がそう言い終わったとたん、上のほうから石がコロコロと転がってきたのです。

それに気づいた私たちは、驚いて、走りはじめました。しかし、急いで駆け下りても、石は私たちのすぐあとを、コロコロと音をたてながら転がってくるのです。

まるで、誰かが石を転がしたかのようでした。

どんなに走っても、三百段もある階段です。転がってくる石から逃げきれません。

私はとっさに、いっそ階段を駆け上がってしまえば、石は追いかけてこないのではないかと思い、突然、まわれ右をすると、一気に階段を駆け上がりました。やはり、思ったとおりでした。

それを見ていた先輩も友達も、おなじように駆け上がってきました。

「びっくりしたあ〜」

肩で息をしながら、いったい何が起こったのか話しあいましたが、どうしてもわかりません。

ただ、そのまま、もう一度階段を下りていく勇気はありませんでした。そこで、学校の先生にこの話を聞いてもらおうと引き返しました。

職員室で、噂になっている石が転がってきたこと、そして逃げてきたことを説明したのですが、先生たちはまったく信じてくれなかったのか、「気のせい」とか「大丈夫だよ」といったおざなりの反応しかしてくれませんでした。

それ以上説明しても無駄だと思った私たちは、

「もう、とっくに六時はすぎてるから、大丈夫だよね」

と、おたがいに励ましあいながら帰ることにしました。

と、そのとき、

「パン！」

という音が聞こえました。

「いま、何か聞こえなかった？」

私が皆のほうを向いて、そういったとたん、

「パン！」

また、おなじ音が聞こえました。

学校のなかのほうから聞こえてくるようなのですが、あまり聞きなれない、得体の知れない音に聞こえたので、だんだん不安になってきました。そんな気分のまま、あの階段を下りる気にはなれません。

私たちは、もう一度学校のなかに戻りました。

「パン！」

やはり、聞こえてきます。その音はどうやら、誰かがスリッパを履いて歩いているよう

な音でした。音のするほうに近づいてみると、二階から響いてきているようです。

「どうする？　二階に上がってみる？」

私たちは二階への階段の前で顔を見合わせました。

音の正体を確かめるかどうか、決めかねて、誰も答えを出せないまま、そっと二階のほうに目をやったそのとき……。

いきなり、二階からスリッパが落ちてきたのです。

「いやだあ……！」

誰かが叫び、私たちは職員室に走りました。

職員室では教師が全員集まって会議の最中でした。つまり、「先生たちは全員、職員室にいる」のです。生徒は私たち以外いません。しかも、生徒はスリッパではなく、上履きを履いています。

恐る恐るスリッパ入れを確認しましたが、すべてのスリッパがきちんと納まっていました。

見えない何かに囲まれているようで、どんどん恐怖心が増してきた私たちは、一刻も早くそこから離れたくて、四人かたまって学校を出て階段を駆け下りました。

少しでも明るいところに行こうと思い、近くのコンビニに飛びこみました。そして、いま起こったことを考えましたが、いったい何が起こったのかまったくわからず、そのままそれぞれの家に帰っていきました。

トンネルのなかを落ちてきた石……。校舎のなかでのスリッパ……。説明がつかないのです。

あのトンネルはほとんど生徒が使用していて、一般の人が通ることはめったにありません。それに、周囲の雪は深く、石が道端に転がっているような状況ではありませんでした。石に見えたものは、本当にただの石ころだったのでしょうか？

山岸和彦（やまぎし・かずひこ）

1965年、静岡県に生まれる。静岡大学工学部卒業。

怪談・伝説・民話・噂話・歴史ミステリーの研究・情報収集歴は40年にもおよぶ。現在、主に心霊、妖怪と怪異民俗史についての研究をするかたわら、「不思議」を求めて各地をフィールドワーク中。

また著書の執筆・編集のほかに、心霊実話系のテレビ番組や雑誌等に情報提供の活動も行なっている。

主な著書・寄稿本として『「怖くて不思議な体験」自慢』『怪談実話のネタ本』『最新 日本の心霊恐怖スポット100』（二見書房）『学校で本当に起きた怖い話』（河出書房新社）『心霊ゾーン・ガイド』（学習研究社）などがある。


本書は、2004年8月に小社より発刊された文庫を改題して改装した改訂新版です。

二見レインボー文庫

呪《のろい》——誰《だれ》かに話《はな》したくなる怖《こわ》い話《はなし》

編著者　山岸和彦《やまぎしかずひこ》

発行所　株式会社 二見書房
東京都千代田区三崎町2-18-11
電話　03(3515)2311［営業］
03(3515)2313［編集］
振替　00170-4-2639

印刷　株式会社 堀内印刷所
製本　株式会社 関川製本所

落丁·乱丁本はお取り替えいたします。
定価は、カバーに表示してあります。

ISBN978-4-576-16103-7
http://www.futami.co.jp/